SEGURIDAD

En la clase

- Lee las instrucciones varias veces antes de empezar.

- Presta atención a tu maestro o maestra.

- Ten cuidado cuando veas esto: ▨ .

- Lávate las manos con agua y jabón antes y después de una actividad.

- ◉ Ponte gafas protectoras o guantes cuando te lo digan.

- Ponte gafas protectoras cuando trabajas con líquidos o cosas que te puedan lastimar los ojos.

- Ponte ropa usada.

- Ten cuidado con los vidrios y los objetos filosos.

- No pruebes ni huelas nada a menos que tu maestro o maestra te lo diga.

- Avisa enseguida si hay derrames o accidentes.

- Ordena tu lugar de trabajo.

- Limpia cuando hayas terminado.

Fuera de la clase

- Escucha a tu maestro o maestra.

- No te alejes del grupo.

- No pruebes ni huelas nada a menos que tu maestro o maestra te lo diga.

- No toques las plantas ni los animales a menos que tu maestro o maestra te lo diga.

- Vuelve a poner las plantas y los animales donde los encontraste.

- Si hay un accidente, avisa enseguida.

McGRAW-HILL
CIENCIAS

EDICIÓN MACMILLAN/McGRAW-HILL

RICHARD MOYER ■ LUCY DANIEL ■ JAY HACKETT

PRENTICE BAPTISTE ■ PAMELA STRYKER ■ JOANNE VASQUEZ

NATIONAL
GEOGRAPHIC
SOCIETY

EDICIÓN PARA Texas

Mc Graw Hill

McGraw-Hill
School Division

New York   Farmington

PROGRAM AUTHORS

Dr. Lucy H. Daniel
*Teacher, Consultant
Rutherford County Schools,
North Carolina*

Dr. Jay Hackett
*Emeritus Professor of Earth
Sciences
University of Northern
Colorado*

Dr. Richard H. Moyer
*Professor of Science
Education
University of Michigan-
Dearborn*

Dr. H. Prentice Baptiste
*Professor of Curriculum and
Instruction
New Mexico State
University*

Pamela Stryker, M.Ed.
*Elementary Educator and
Science Consultant
Eanes Independent School
District
Austin, Texas*

JoAnne Vasquez, M.Ed.
*Elementary Science
Education Specialist
Mesa Public Schools,
Arizona
NSTA President 1996–1997*

NATIONAL
GEOGRAPHIC
SOCIETY

Washington, D.C.

CONTRIBUTING AUTHORS

Dr. Thomas Custer
Dr. James Flood
Dr. Diane Lapp
Doug Llewellyn
Dorothy Reid
Dr. Donald M. Silver

CONSULTANTS

Dr. Danny J. Ballard
Dr. Carol Baskin
Dr. Bonnie Buratti
Dr. Suellen Cabe
Dr. Shawn Carlson
Dr. Thomas A. Davies
Dr. Marie DiBerardino
Dr. R. E. Duhrkopf
Dr. Ed Geary
Dr. Susan C. Giarratano-Russell
Dr. Karen Kwitter
Dr. Donna Lloyd-Kolkin
Ericka Lochner, RN
Donna Harrell Lubcker
Dr. Dennis L. Nelson
Dr. Fred S. Sack
Dr. Martin VanDyke
Dr. E. Peter Volpe
Dr. Josephine Davis Wallace
Dr. Joe Yelderman

The Book Cover, *Invitación a las ciencias*, *El mundo de las ciencias*, and *CuriosaMente* features found in this textbook were designed and developed by the National Geographic Society's Education Division.
Copyright © 2000 National Geographic Society

The name "National Geographic Society" and the Yellow Border Rectangle are trademarks of the Society and their use, without prior written permission, is strictly prohibited.

Cover photo: Paul Howell/Liaison International

McGraw-Hill School Division

*A Division of The **McGraw·Hill** Companies*

Copyright © 2000 McGraw-Hill School Division,
a Division of the Educational and Professional
Publishing Group of The McGraw-Hill Companies, Inc.

McGraw-Hill School Division
Two Penn Plaza
New York, New York 10121

Printed in the United States of America

ISBN 0-02-277139-5 / 2

2 3 4 5 6 7 8 9 004/046 05 04 03 02 01 00

CONTENIDO

UNIDAD 1

LAS PLANTAS Y EL AGUA

UNIDAD 2

PISTAS DEL PASADO

UNIDAD 3

TODO CAMBIA

UNIDAD 4

¿CÓMO SE MUEVE?

UNIDAD 5 LA VIDA EN LAS ROCAS

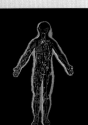

UNIDAD 6

EL CUERPO HUMANO: CORAZÓN Y PULMONES

SECCIÓN DE REFERENCIA

ILUSTRADORES

MANUAL

GLOSARIO/ÍNDICE

ACTIVIDADES

LEER TABLAS Y OBSERVAR ILUSTRACIONES

CURIOSAMENTE Y CAJAS DE SOLUCIONES

UN VISTAZO al libro

Comienza cada tema con la sección **Investiga**. Luego haz una **Actividad de exploración**.

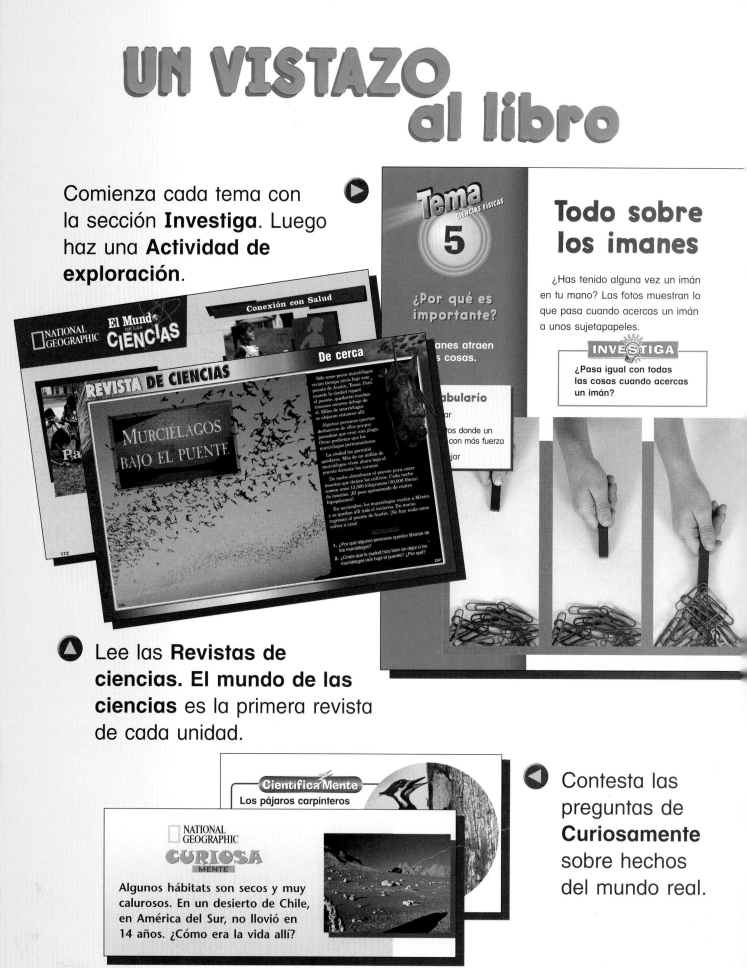

Tema 5
CIENCIAS FÍSICAS

¿Por qué es importante?

...anes atraen
...s cosas.

Todo sobre los imanes

¿Has tenido alguna vez un imán en tu mano? Las fotos muestran lo que pasa cuando acercas un imán a unos sujetapapeles.

INVESTIGA

¿Pasa igual con todas las cosas cuando acercas un imán?

REVISTA DE CIENCIAS

NATIONAL GEOGRAPHIC **El Mundo DE LAS CIENCIAS**

Conexión con Salud

De cerca

MURCIÉLAGOS BAJO EL PUENTE

Lee las **Revistas de ciencias. El mundo de las ciencias** es la primera revista de cada unidad.

Científica Mente
Los pájaros carpinteros

NATIONAL GEOGRAPHIC **CURIOSA MENTE**

Algunos hábitats son secos y muy calurosos. En un desierto de Chile, en América del Sur, no llovió en 14 años. ¿Cómo era la vida allí?

Contesta las preguntas de **Curiosamente** sobre hechos del mundo real.

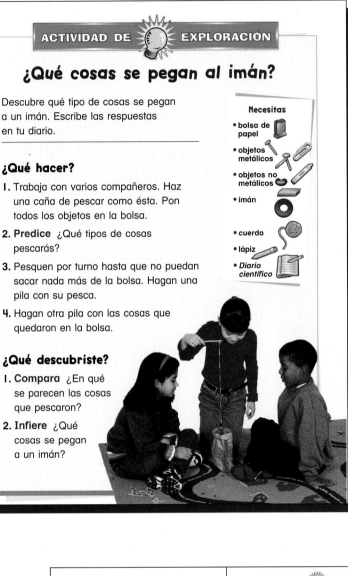

ACTIVIDAD DE EXPLORACIÓN

¿Qué cosas se pegan al imán?

Descubre qué tipo de cosas se pegan a un imán. Escribe las respuestas en tu diario.

Necesitas
- bolsa de papel
- objetos metálicos
- objetos no metálicos
- imán
- cuerda
- lápiz
- *Diario científico*

¿Qué hacer?

1. Trabaja con varios compañeros. Haz una caña de pescar como ésta. Pon todos los objetos en la bolsa.

2. **Predice** ¿Qué tipos de cosas pescarás?

3. Pesquen por turno hasta que no puedan sacar nada más de la bolsa. Hagan una pila con su pesca.

4. Hagan otra pila con las cosas que quedaron en la bolsa.

¿Qué descubriste?

1. **Compara** ¿En qué se parecen las cosas que pescaron?

2. **Infiere** ¿Qué cosas se pegan a un imán?

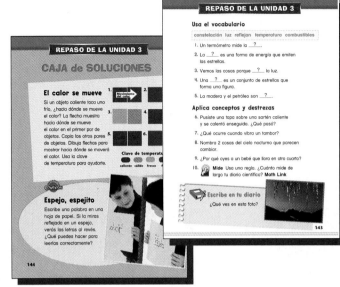

Resuelve los problemas de la Caja de soluciones. Escribe en tu diario lo que vayas aprendiendo.

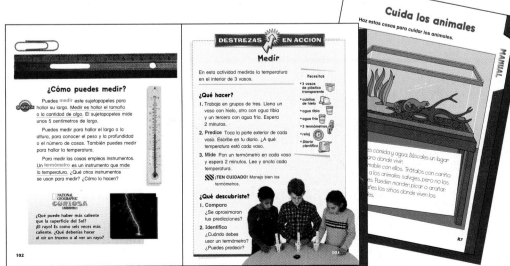

Aumenta tus destrezas con Destrezas en acción. Usa el **Manual** para ayudarte.

NATIONAL GEOGRAPHIC

LEER EN VOZ ALTA

INVITACIÓN A LAS CIENCIAS

Sylvia Earle

¿Es un robot submarino? No, es una científica llamada Sylvia Earle. Viste un traje de buceo.

Sylvia respira bajo el agua gracias a su equipo de buceo.

S2

Como otros científicos, Sylvia quiere observar los animales en el lugar donde viven. Para conocer los animales marinos, Sylvia debe permanecer mucho tiempo bajo el agua.

A veces lleva un equipo para respirar bajo el agua. Otras veces investiga desde un submarino especial: un sumergible. ¡Una vez vivió dos semanas en un laboratorio bajo el agua!

Sylvia espera aprender mucho más sobre la vida en el mar. Ella afirma: "Hay mucho que explorar, desde los arrecifes de coral en los trópicos hasta los hondos cañones y las montañas que hay en las profundidades."

Sylvia aprende algo nuevo sobre el mar todos los días.

S3

Acércate a las ciencias

MÉTODOS CIENTÍFICOS

Algunas personas guardan objetos en áticos o sótanos. Algunos objetos pueden ser muy viejos y nadie los usa. Nos pueden contar historias sobre los tiempos en que eran útiles. También nos pueden contar sobre la gente que los usaba.

Estudiar las cosas antiguas nos ayuda a conocer el pasado. Antiguo quiere decir "muy viejo." Los arqueólogos son científicos que estudian objetos antiguos.

INVESTIGA

Estos objetos antiguos estaban en un desván.
¿Qué son?
¿Para qué se usaban?

¿Qué aprenden los arqueólogos de los objetos?

En esta actividad tratarás de identificar un objeto observando sólo algunas de sus partes. Escribe las respuestas en tu diario.

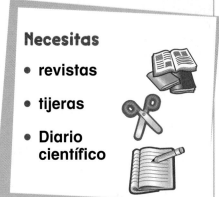

Necesitas

- revistas
- tijeras
- Diario científico

¿Qué hacer?

1. Recorta en una revista la figura de un objeto y córtala en varias partes.
   ◼◼◼ **¡TEN CUIDADO!** Con las tijeras te puedes cortar.

2. Dale a tu pareja algunas partes para que las estudie. Anótalas en tu diario.

3. Pide a tu pareja que adivine el nombre del objeto. Escribe su respuesta en tu diario.

4. Ahora te toca a ti adivinar.

¿Qué descubriste?

1. ¿Acertaste?
   ¿Qué pistas usaste?

2. **Infiere** ¿Qué descubren los arqueólogos con las partes de objetos?

¿Cómo trabajan los científicos?

En la *Actividad de exploración* viste que la ciencia es como un rompecabezas. Los científicos emplean sus conocimientos para juntar las piezas. Pero a veces faltan algunas. ¿Cómo puedes adivinar la forma de las piezas que faltan? Observando las piezas que tienes podrías imaginar las que faltan.

Supón que un arqueólogo encuentra el cráneo y los huesos de las patas de un dinosaurio. Esas partes lo ayudarían a imaginar cómo era todo el animal.

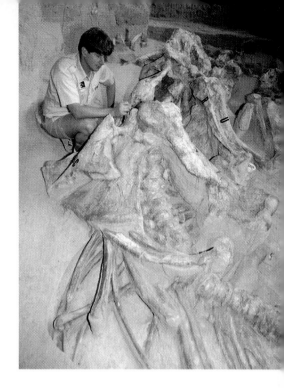

Supón que otro arqueólogo o arqueóloga encuentra un diente de un dinosaurio. Él o ella necesitaría hallar más piezas para imaginar cómo sería el dinosaurio.

Los arqueólogos estudian diferentes cosas para averiguar sobre la vida pasada. Unos estudian huesos de dinosaurio. Otros estudian objetos que la gente hizo o usó. Hasta una moneda vieja puede revelar cosas sobre las personas que vivieron hace mucho tiempo.

El doctor Rubén Mendoza trabaja en una universidad en California. Trabaja con estudiantes y otros arqueólogos. Buscan objetos antiguos. Lo hacen en una "excavación". Usan ese nombre porque excavan la tierra para sacar los objetos.

El lugar donde está un objeto es importante. Antes de excavar, los arqueólogos tienden cuerdas sobre el terreno y dibujan un plano del mismo.

Los arqueólogos marcan en el mapa los sitios donde encuentran los objetos antiguos.

¿Cómo saben dónde tienen que excavar? Buscan pistas, como los detectives. Estudian antiguos pueblos donde no vive nadie.

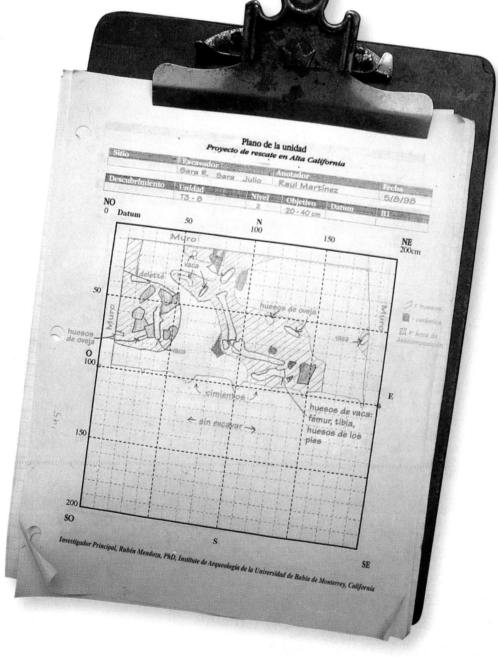

¿Qué aprenden los científicos de los objetos antiguos?

¡Los objetos pueden dar información sobre gente que vivió hasta hace miles de años! A veces los arqueólogos encuentran puntas de flechas hechas de piedra o agujas de hueso. Esos objetos indican que los pueblos del pasado sabían hacer y usar herramientas.

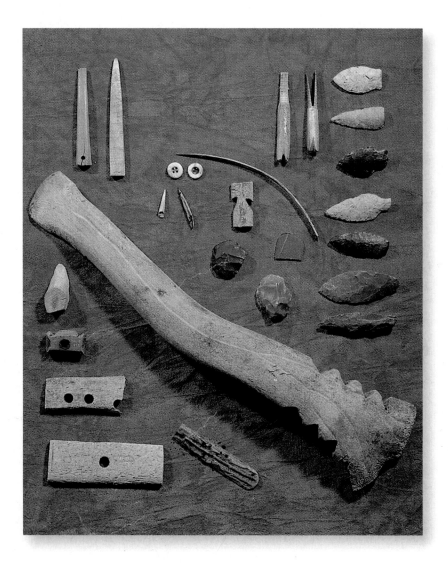

Pero no todos los objetos se sacan de la tierra. También aparecen dibujos en las paredes de una cueva o en una roca. Los dibujos muestran cosas sobre las personas y los animales que vivieron allí.

Algunos objetos antiguos se rompen o ya están rotos. Por eso los arqueólogos tienen cuidado al agarrarlos.

Los arqueólogos pesan, miden y numeran cada objeto. Luego escriben los datos en tarjetas. También anotan el lugar, la fecha y hasta el nombre de la persona que encontró el objeto.

Esa información se almacena en una computadora para que otras personas la conozcan. Los objetos suelen exhibirse en museos. Así mucha gente puede verlos.

¿Trabajan con otras personas los científicos?

El doctor Rubén Mendoza se reúne con otros arqueólogos para aprender más sobre los pueblos antiguos. También usa la computadora para leer lo que otros escriben sobre esos pueblos.

Mendoza trabaja con personas que no son arqueólogos. Los estudiantes lo ayudan a trazar mapas, excavar, anotar información y guardar los objetos. A veces habla con personas ancianas que saben algo sobre un objeto.

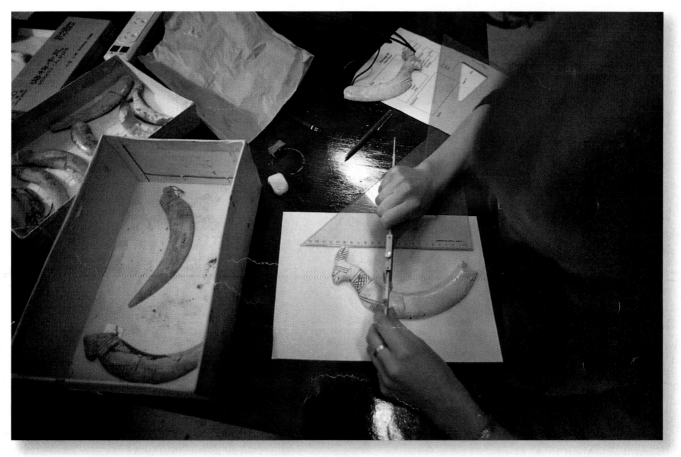

¿Cómo puedo parecerme a un científico?

La ciencia empieza con preguntas. Los arqueólogos hallan objetos antiguos y se preguntan qué son. A veces sólo tienen algunas piezas. ¿Para qué servía? ¿Quién lo hizo? Pensar como un científico significa buscar respuestas a las preguntas que uno se hace.

En la *Actividad de exploración* te hiciste
una pregunta: ¿Qué aprenden los arqueólogos
de los objetos? Para contestarla realizaste una
actividad. Tú y tu compañero o compañera
trataron de reconocer objetos viendo algunas
piezas. Así hacen los arqueólogos. ¿Acertaron?
Luego escribieron las respuestas en sus diarios
para que otros las leyeran. ¡Así trabaja un
científico!

¿Por qué es importante?

El trabajo del doctor Mendoza demuestra que la ciencia es importante. El doctor Mendoza y otros científicos encuentran información que nos ayuda a aprender sobre la Tierra, los dinosaurios y los pueblos antiguos. Conocer el pasado nos ayuda a conocernos mejor a nosotros mismos.

REPASO

1. ¿Qué es un arqueólogo o una arqueóloga?

2. Dibuja un arqueólogo o una arqueóloga realizando una de sus actividades.

3. ¿Qué aprenden los arqueólogos y otros científicos?

MÉTODOS CIENTÍFICOS

Glosario
Acércate a las ciencias

A medida que leas este libro busca las nuevas Palabras científicas en azul.

Las palabras en rojo te ayudarán a pensar como un científico. Busca más palabras en rojo en las actividades de tu libro.

A

antiguo algo muy viejo

arqueólogo científico que estudia objetos antiguos

C

causa y efecto manera como una cosa cambia a otra

clasificar hacer grupos con cosas parecidas

comparar buscar parecidos y diferencias entre las cosas

comunicar hablar, escribir o dibujar para que algo se conozca

concluir formar una idea basada en lo que uno sabe

D

decidir escoger entre diferentes cosas
o ideas

E

explicar ayudar a alguien a entender algo

I

identificar saber qué es o cómo se llama
algo

inferir usar lo que se sabe para descubrir
algo

M

medir hallar el tamaño o la cantidad de
algo

O

observar usar los sentidos para comprender algo

obtener información averiguar cosas sobre algo

ordenar colocar las cosas de cierta manera para que sea fácil usarlas

P

predecir decir lo que va a pasar

preguntar hacer una pregunta para averiguar algo

U

usar los números sumar o restar para conocer una cantidad

Temas de Texas

¿Por qué es importante?

Las plantas tienen distintas partes que las ayudan a vivir y a crecer. Estas partes nos ayudan a entender cómo pueden vivir las plantas en diferentes lugares.

Vocabulario

desierto una zona donde llueve poco y hace mucho calor

hábitat lugar donde vive una planta o animal

espina un pincho duro y puntiagudo que protege la planta

tallo parte de la planta que la ayuda a mantenerse derecha

Una planta del desierto

El mundo está lleno de plantas. Algunas crecen en jardines, otras en selvas y otras en desiertos. Un desierto es una zona donde llueve poco y hace mucho calor. Las plantas crecen en lugares donde hace frío o calor. En lugares húmedos o secos. Pero, donde crezcan, las plantas necesitan la luz del sol, agua, aire y suelo para vivir.

INVESTIGA

Una rosa no puede sobrevivir en el desierto. ¿Por qué?

¿Dónde viven las plantas?

¿Todas estas plantas crecen en el mismo lugar? Diferentes plantas crecen en diferentes lugares. Estos lugares se llaman **hábitats**. Un hábitat es un lugar donde vive una planta o animal.

¿Qué florece en el desierto de Texas?

Observa la planta de la foto. Tiene partes que la ayudan a crecer en el desierto: Es un agave.

Cuando llueve, sus raíces absorben el agua. El agua se almacena en las hojas.

Las hojas tienen **espinas** puntiagudas que impiden que los animales se las coman. Una espina es un pincho duro y puntiagudo que protege la planta.

El **tallo** es la parte de la planta que la ayuda a mantenerse derecha.

agave

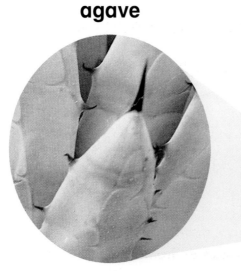

PRÁCTICA PARA TAAS

I. ¿Qué dibujo muestra un desierto?

2. ¿Qué dibujo muestra algo que una planta necesita?

3. ¿Qué dibujo muestra una planta del desierto?

4. ¿Qué dibujo muestra la hoja de una planta del desierto?

5. ¿Cuánto llovió en el desierto en un año?

Centímetros de lluvia por mes

TX5

¿Por qué es importante?

Los fósiles nos muestran cómo era la Tierra. Nos ayudan a comprender cómo era Texas hace mucho tiempo.

Vocabulario

superficial poco profundo

fósiles restos de animales o plantas que vivieron hace mucho tiempo

paleontólogo persona que estudia la vida en el pasado

Los dinosaurios de Texas

Los dinosaurios vivieron hace millones de años, mucho antes que las personas. Había muchas clases de dinosaurios. Algunos eran pequeños y otros enormes. Algunos caminaban sobre dos patas y otros sobre cuatro. Algunos comían carne. Pero, la mayoría de los dinosaurios se alimentaban de plantas.

INVESTIGA

¿Cómo sabemos cómo eran los dinosaurios?

¿Cómo era Texas hace mucho tiempo?

Hace mucho tiempo, cuando los dinosaurios vivían, Texas era muy diferente a como es ahora. Gran parte de su territorio estaba cubierto de agua **superficial**. Superficial significa poco profunda.

Había muchos árboles grandes y otras plantas. Los dinosaurios tenían mucha agua para beber y comida para comer. Para los dinosaurios, Texas era un buen sitio donde vivir.

¿Cómo sabemos que los dinosaurios vivieron en Texas? Lo sabemos porque en Texas se han encontrado **fósiles** de dientes y huesos de dinosaurios. Los fósiles son restos de animales o plantas que vivieron hace mucho tiempo.

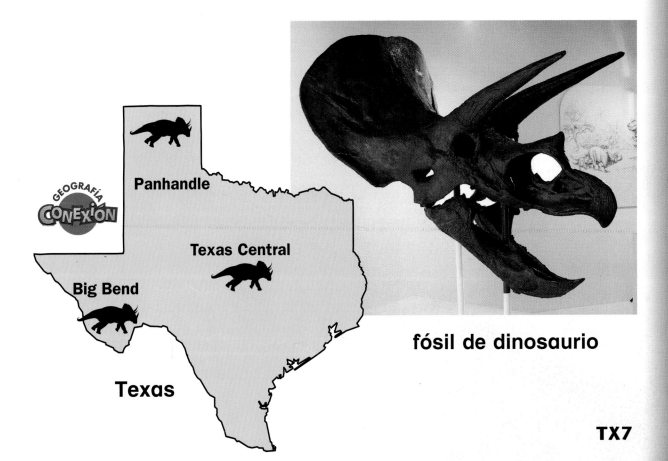

GEOGRAFÍA
CONEXIÓN

Panhandle

Texas Central

Big Bend

Texas

fósil de dinosaurio

¿Quiénes son los buscadores de fósiles?

Los paleontólogos encontraron los fósiles de Texas. Un paleontólogo es una persona que estudia la vida en el pasado. Un paleontólogo encuentra restos de dinosaurios y los desentierra.

Muchos fósiles están rotos o han perdido algún pedazo. Los paleontólogos intentan unir los pedazos. Esto les ayuda a comprender cómo eran los dinosaurios y cómo vivieron hace mucho tiempo.

PRÁCTICA PARA TAAS

1. ¿Cuántas clases diferentes de dinosaurios hay en este dibujo?

2. ¿Qué dibujo muestra un animal que ya no vive?

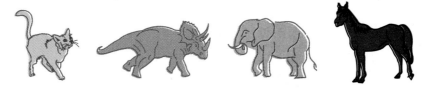

3. ¿Qué dibujo muestra algo que también vivió en el tiempo de los dinosaurios?

4. ¿Qué dibujo muestra un fósil?

5. Observa la gráfica de barras. ¿Qué dinosaurio es más pequeño que el Tiranosaurio Rex?

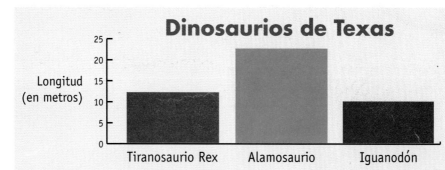

TX9

¿Por qué es importante?

Las cuevas nos ayudan a entender cómo era la Tierra hace mucho tiempo y cómo ha cambiado.

Vocabulario

pictograma dibujo en una cueva

estalactita formación de piedra que se crea cuando el agua gotea desde el techo de una cueva

estalagmita formación de piedra que se crea sobre el suelo de una cueva cuando el agua gotea

Las cuevas de Texas

Las cuevas han sido lugares especiales para los animales y las personas. Muchas cuevas tienen dibujos llamados **pictogramas**. La gente que vivía en las cuevas hace miles de años dibujaba las paredes para contar historias de sus vidas.

Este mapa muestra dónde puedes visitar muchas de las cuevas que hay en Texas.

INVESTIGA

¿Cómo ayuda el agua a crear cuevas?

Cuevas en Texas

GEOGRAFÍA
CONEXIÓN

Fort Worth • Dallas

El Paso

Austin ★
Houston

San Antonio

● Cueva
• Ciudad
★ Capital del estado

estalactitas

¿Cómo se crearon las cuevas?

Las cuevas empiezan a crearse cuando la lluvia penetra en el suelo. Los minerales del agua disuelven lentamente la roca. Durante millones de años, el agua excava una cueva.

El agua que gotea del techo va acumulando restos de minerales. La formación de piedra que se crea cuando el agua gotea desde el techo de una cueva, es una estalactita.

El agua también puede gotear sobre el suelo de una cueva. Una estalagmita es una formación de piedra que se crea sobre el suelo de una cueva cuando el agua gotea.

¿Qué puedes encontrar en las cuevas?

Las estalagmitas y estalactitas van en aumento. A veces se juntan en el medio y forman una columna. Cuando el agua gotea, crea diferentes formas.

Muchos animales viven en cuevas. Algunos, como los osos y los pájaros, sólo viven en las cuevas por la noche. Otros, como los búhos y los murciélagos, pasan en ellas todo el día y salen por la noche a buscar comida.

Hay animales, como los gusanos, que nunca abandonan la cueva. Estos animales son ciegos y utilizan sus otros sentidos para vivir.

formas de palomitas

formas de coral

★ PRÁCTICA PARA TAAS

1. ¿Cuál de estos animales puedes encontrar en una cueva?

2. ¿Qué ilustración muestra algo formado por el goteo del agua?

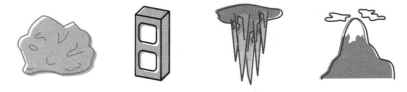

3. ¿Cuál de estos animales puedes ver sólo de noche?

4. ¿Cuál de estas cosas puedes encontrar en una cueva?

5. ¿Qué cueva tiene más pictogramas?

Pictogramas de cuevas

cueva Lascaux

cueva Seminole

cueva Chavet

TX13

La casa de los colonos de Texas

¿Por qué es importante?

Saber cómo se construyeron las cabañas de troncos nos ayuda a entender cómo era Texas en la época de los primeros colonos.

¿Sabes quiénes eran los colonos? Eran personas que se desplazaron a un nuevo territorio y construyeron casas. Los primeros colonos vinieron a Texas hace ya muchos años y construyeron casas que se llaman cabañas.

Vocabulario

tronco árbol cortado, sin ramas y sin corteza

fuerza empujón o jalón

máquina simple algo que puede cambiar la dirección y cantidad de las fuerzas

INVESTIGA

¿Cómo levantaron los colonos esos troncos tan pesados?

¿Cómo construyeron los colonos sus cabañas de troncos?

Los colonos texanos utilizaron árboles para construir sus cabañas. Con las hachas cortaban los árboles. Luego cortaban las ramas y arrancaban la corteza. Dejaban los troncos listos para ser usados. Un tronco es un árbol cortado, sin ramas y sin corteza.

Los colonos se unían para levantar los pesados troncos. Utilizaban sus manos. Para mover los troncos, empleaban la fuerza, empujando y jalando.

También utilizaban máquinas simples para levantar los troncos y construir las paredes de las cabañas. Una máquina simple es algo que puede cambiar la dirección y la cantidad de una fuerza.

PRÁCTICA PARA TAAS

1. ¿Qué dibujo muestra una cabaña de troncos?

2. ¿Qué dibujo muestra la herramienta con la que se hace una cabaña de troncos?

3. ¿Qué dibujo muestra el objeto que no se necesita para construir la cabaña de troncos?

4. ¿Qué dibujo muestra un tronco?

5. ¿Qué dibujo muestra una máquina simple?

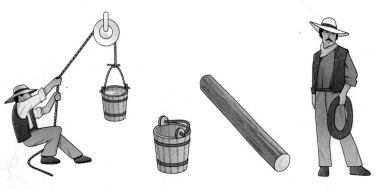

LAS PLANTAS Y EL AGUA

CAPÍTULO 1

LAS PARTES DE LA PLANTA

Las partes de la planta

¿Sabías que algunas plantas crecen en lugares secos y otras viven en el agua? Las plantas crecen si tienen el agua que necesitan.

¿Por qué es importante?

Las plantas tienen distintas partes que las ayudan a vivir.

Vocabulario

raíz parte de la planta que crece bajo tierra

tallo parte de la planta que la mantiene derecha

hojas parte de la planta que crece del tallo

observar usar los sentidos para comprender algo

ciclo vital proceso de crecimiento que se repite en cada ser vivo

INVESTIGA

¿Cómo obtienen las plantas el agua que necesitan?

¿Cómo obtienen agua las plantas?

¿Qué parte de una planta absorbe agua? Descúbrelo. Escribe las respuestas en tu diario.

Necesitas

- **2 plantas en macetas A y B**
- **agua**
- **esponja**
- **periódico**
- **lupa**
- *Diario científico*

¿Qué hacer?

1. Pon ambas plantas en un lugar soleado.

2. Riega la tierra de la planta A. Pasa cada día una esponja húmeda por las hojas de la planta B.

3. **Observa** Después de unos días saca con cuidado la planta A de su maceta. Observa con una lupa la parte de la planta que crece bajo tierra. Dibújala.

4. Repite el paso 3 con la planta B.

   ¡TEN CUIDADO! Lávate las manos.

¿Qué descubriste?

1. **Compara** ¿Qué les ocurrió a las plantas A y B? ¿Por qué?

2. **Infiere** ¿Qué parte absorbe agua: las hojas o la raíz?

3

¿Cuáles son las partes de una planta?

Todos los seres vivos necesitan agua. En la *Actividad de exploración* viste cómo obtienen agua las plantas. La **raíz** absorbe el agua y los minerales que la planta necesita. La raíz es la parte de la planta que crece bajo tierra.

Las raíces tienen otra tarea importante: ayudan a sujetar la planta al suelo. ¿Por qué es esto tan importante?

NATIONAL GEOGRAPHIC

CURIOSA MENTE

La zanahoria es una raíz. El rábano japonés es una raíz muy grande. Ambas se pueden comer. ¿Qué otras raíces conoces que se puedan comer?

hoja

tallo

raíz

El agua va desde la raíz hasta otra parte
de la planta llamada tallo. El tallo mantiene
derecha la planta. De ese modo las hojas
reciben la luz del sol y producen el alimento
que la planta necesita. Las hojas son la parte
de la planta que crece del tallo.

¿Qué puedes observar en una planta?

Cuando **observas** una planta conoces sus partes. Observar es usar los sentidos para comprender algo. Para observar una cosa la puedes mirar, escuchar, tocar, oler o probar.

Debes tener cuidado al observar algo. Nunca debes tocar ni probar una planta que no conoces. ¿Por qué?

Para explicar lo que observas puedes hablar. También puedes escribir o dibujar. ¿Qué más puedes hacer?

Observa

En esta actividad observarás una planta.
Después explicarás lo que observaste.

¿Qué hacer?

1. **Observa** Mira tu planta con una lupa.

2. Dibuja y escribe lo que observas
en tu diario.

   ¡TEN CUIDADO! Lávate las manos.

¿Qué descubriste?

1. **Explica** ¿Qué observaste?

2. **Identifica** ¿Qué sentidos
usaste para observar la planta?

Necesitas

- **planta sin maceta**
- **vaso de agua**
- **lupa**
- **periódico**
- *Diario científico*

7

¿Qué es el ciclo vital de una planta?

Muchas plantas crecen de semillas. De las semillas nacen plantas jóvenes llamadas plantones. Los plantones se convierten en plantas adultas que producen nuevas semillas. Las plantas adultas mueren. ¿Qué les ocurre a las semillas?

El ciclo vital es un proceso de crecimiento que se repite en cada ser vivo. ¿Qué otros seres vivos tienen un ciclo vital? ¿Tienen ciclo vital las cosas que no viven?

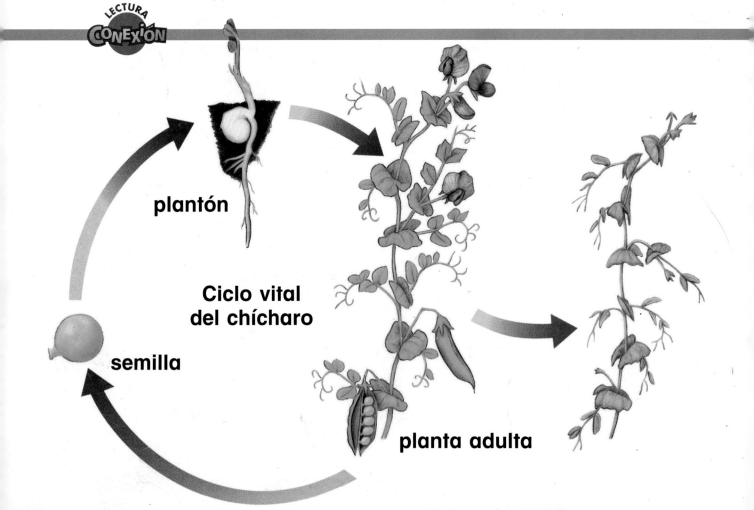

plantón

Ciclo vital del chícharo

semilla

planta adulta

Las personas no podemos vivir sin plantas.
Usamos las plantas para alimentarnos,
para hacer ropa y para construir casas.

REPASO

1. ¿Cuáles son las partes de una planta?

2. ¿Qué hace cada parte?

3. ¿Por qué las semillas son importantes
para el ciclo vital de una planta?

4. **Observa** ¿Qué partes puedes observar
en un árbol?

5. **Piensa y escribe** ¿De qué otras maneras
usamos las plantas?

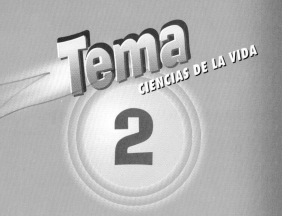
¿Por qué es importante?

El fruto es la parte de la planta que contiene las semillas. De estas semillas nacerán más plantas iguales.

Vocabulario

fruto parte de la planta que contiene las semillas

Plantas y más plantas

¿Viste alguna vez una abeja en una flor? La abeja vuela todo el día de flor en flor. Las flores son lindas. Muchas tienen ricas fragancias.

INVESTIGA

¿En qué se diferencian las flores? ¿En qué se parecen?

¿Qué puedes observar en las flores?

Ahora observarás algunas flores y explicarás en qué se parecen y en qué se diferencian. Escribe las respuestas en tu diario.

Necesitas

- tarjetas ilustradas
- *Diario científico*

¿Qué hacer?

1. **Observa** Mira atentamente la flor de la primera tarjeta ilustrada.

2. Explica en tu diario qué observas sobre el color, la forma y las partes de la flor.

3. Repite los pasos 1 y 2 con las otras tarjetas.

¿Qué descubriste?

1. **Compara** ¿En qué se parecen las flores que observaste?

2. **Compara** ¿En qué se diferencian?

¿Por qué son importantes las flores y los frutos?

En la *Actividad de exploración* viste que las flores pueden ser de muchos colores, tamaños y formas. Además, muchas flores tienen fragancia.

¿Por qué hay flores tan diferentes? Algunas flores necesitan que las visiten animales. En ellas hay un líquido dulce para beber llamado néctar.

Algunos animales visitan las flores que tienen un color o un olor especial. Otros visitan las que tienen una forma especial.

El animal que visita una flor se cubre de un polvillo. Este polvillo se llama polen. Luego va a otra flor y deja en ella parte de ese polvillo.

Ese polen hace que crezcan semillas dentro de la flor. Luego crece un **fruto** que envuelve las semillas. El fruto es la parte de la planta que contiene las semillas. De las semillas nacerán nuevas plantas.

¿Cómo son las nuevas plantas?

La mayoría de los frutos contienen semillas. Algunos frutos tienen sólo una semilla, pero otros tienen muchas. De una o muchas semillas nacerán nuevas plantas.

Las plantas nuevas serán iguales a las plantas que hicieron las semillas. ¿Qué saldrá de estas semillas?

Muchas plantas necesitan la ayuda de los animales para dar sus frutos y esparcir sus semillas. Muchos animales también necesitan las flores y los frutos de las plantas para alimentarse. Las flores y los animales se necesitan unos a otros.

REPASO

1. ¿Por qué son importantes las flores?

2. ¿Qué es un fruto?

3. **Piensa y escribe** ¿Por qué el fruto es importante para las plantas?

4. **Infiere** El chile es un fruto. ¿Por qué?

5. Dibuja una flor que recoja el polen de otras flores llevado por el viento.

CONEXIÓN

15

Tema
CIENCIAS DE LA VIDA

3

¿Por qué es importante?

Las plantas tienen partes que las ayudan a vivir en diferentes lugares.

¿Dónde viven las plantas?

¿Viste plantas como éstas? Mira sus hojas. Unas son gruesas y otras son finas. ¡Algunas hasta pinchan!

Estas plantas viven en lugares diferentes. ¿Dónde crees que vive cada una?

INVESTIGA

¿Cómo ayudan las hojas a cada planta a vivir en un lugar?

lugar sombreado tierra húmeda

Sol intenso poca agua

mucha luz algo de sombra

¿Cómo ayuda a la planta la forma de sus hojas?

En esta actividad descubrirás que la forma de las hojas ayuda a las plantas a retener agua. Escribe las respuestas en tu diario.

Necesitas

- **2 toallas de papel**
- **reloj**
- **tazón con agua**
- **papel de cera**
- **tijeras**
- ***Diario científico***

¿Qué hacer?

1. Toma dos toallas de papel y recorta 2 figuras de hojas grandes e iguales. Enrolla una de las hojas.

   🚧 **¡TEN CUIDADO!** Ten cuidado con las tijeras.

2. Humedece ambas hojas en el tazón con agua y colócalas sobre el papel de cera.

3. **Observa** Examina las hojas cada 15 minutos. Anota lo que veas en tu diario.

¿Qué descubriste?

1. **Observa** ¿Qué hoja se mantuvo húmeda más tiempo?

2. **Infiere** ¿Qué hoja encontrarías en un lugar seco? ¿Por qué?

MATEMÁTICAS CONEXIÓN

17

¿Cómo pueden vivir las plantas en algunos lugares?

Este lugar es muy seco. El suelo es arenoso y no retiene bien el agua. ¿Cómo pueden vivir aquí las plantas?

Las raíces de muchos cactos se extienden sobre la superficie del suelo. Así consiguen agua. Otras plantas tienen raíces profundas que absorben agua a más profundidad.

Las hojas ayudan a las plantas a vivir en lugares secos. En la *Actividad de exploración* viste que la forma de las hojas sirve para retener agua.

Algunas plantas
viven en lugares húmedos.
El nenúfar tiene partes que crecen en el agua.
Sus raíces están en el fondo del estanque.
Su tallo es largo. Sus hojas, grandes y planas,
flotan sobre la superficie del agua.

Científica Mente

¿Por qué es importante que
las hojas de nenúfar floten en la
superficie del agua?

¿Cómo pueden vivir las plantas en el bosque?

En este bosque de coníferas hace frío y nieva en invierno. La tierra, oscura y húmeda, retiene mejor el agua que el suelo arenoso.

Las pequeñas hojas de las coníferas son como agujas y están cubiertas por una capa de cera que mantiene el agua.

La forma de los árboles coníferos es especial. Esa forma permite que la nieve resbale de las ramas. ¿Por qué es esto importante?

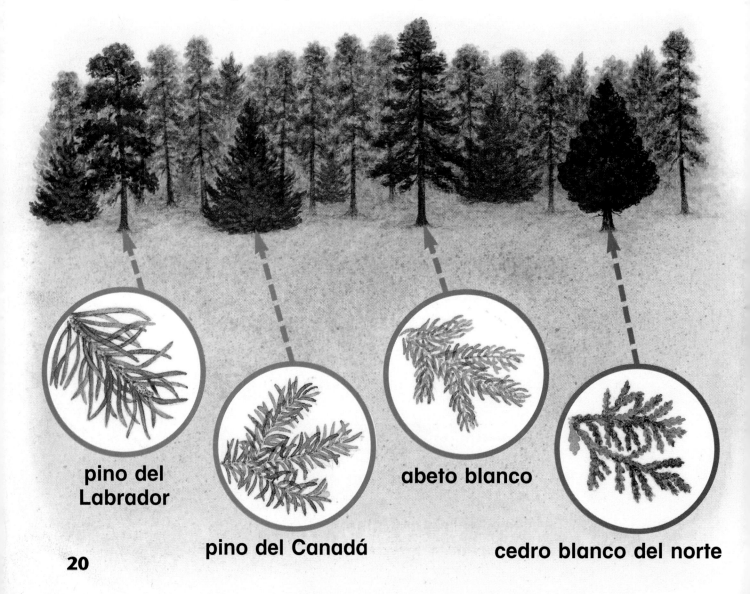

pino del Labrador

pino del Canadá

abeto blanco

cedro blanco del norte

¿Por qué es importante?

Algunas plantas viven en sitios húmedos y a la sombra. Otras en sitios secos y al sol. Puedes cuidar las plantas si sabes qué necesitan para vivir. ¿Cómo cuidarías cada una de las plantas que ves aquí?

REPASO

1. ¿Qué ayuda a un cacto a vivir en un lugar caluroso y seco?

2. ¿Qué ayuda a un nenúfar a vivir en un lugar húmedo?

3. ¿Qué partes ayudan a una conífera a vivir en un lugar frío y nevado?

4. **Comunica** Dibuja un cacto y el lugar donde vive.

5. **Piensa y escribe** ¿Por qué las plantas pueden vivir en lugares diferentes?

ARTE CONEXIÓN

¿Cómo crecen tus plantas?

Estas niñas plantan semillas en una huerta. ¿Qué necesitan las semillas para crecer? Necesitan tierra, calor y agua.

 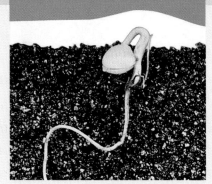 

La planta empieza a crecer lentamente. La raíz y el tallo salen de la semilla. La raíz penetra en la tierra atraída por la gravedad. El tallo crece hacia arriba, hacia la luz.

Recuerda cuidar tu huerta. Riega las plantas si no llueve. No les arranques ninguna parte. Si lo haces pueden morir.

¡No toques las hiedras venenosas! Pueden irritarte la piel.

Comenta

¿Qué pasa si una planta no recibe suficiente luz del Sol?

Usa el vocabulario

Une cada palabra con el dibujo correspondiente.

1. tallo página 5

2. observar página 6

3. raíz página 4

4. ciclo vital página 8

5. hojas página 5

a.

b.

c.
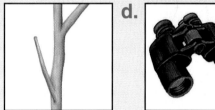

d.

e.
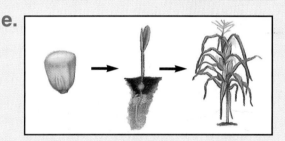

Usa conceptos científicos

¿Qué hace cada parte por la planta? páginas 4-5,12

6. hojas   7. raíz   8. tallo   9. fruto

10.  **Observa** ¿Qué ayuda a esta planta a vivir donde vive? página 18

CAJA de SOLUCIONES

¿Está vivo? Un perro es un ser vivo. Las plantas son seres vivos. El agua es una cosa no viva. ¿Cómo puedes saber si algo está vivo o no?

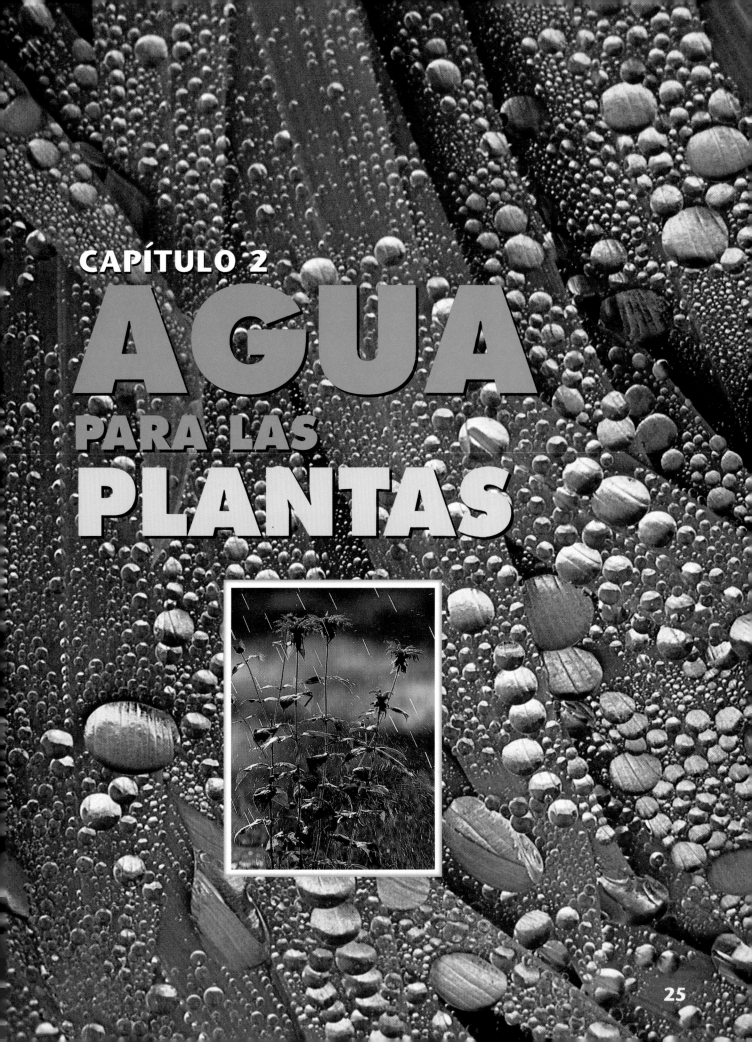

CAPÍTULO 2
AGUA
PARA LAS
PLANTAS

¿Por qué es importante?

El agua circula constantemente entre la Tierra y el cielo.

Vocabulario

evaporarse convertirse un líquido en gas en el aire

condensarse convertirse un gas nuevamente en líquido

ciclo del agua movimiento constante del agua entre la Tierra y el cielo

Agua en movimiento

¿Sentiste alguna vez la lluvia en tu cara? ¿Alguna vez atrapaste un copo de nieve con la lengua?

La lluvia y la nieve te mojan porque son agua.

INVESTIGA

El agua cae del cielo. ¿Cómo llega hasta allí?

¿De dónde viene el agua de la lluvia?

Haz un modelo de la Tierra y del cielo para descubrir de dónde viene la lluvia. Escribe las respuestas en tu diario.

Necesitas

- vaso de papel
- arena
- vaso de agua
- bolsa de plástico con cierre
- gafas protectoras
- *Diario científico*

¿Qué hacer?

👓 **¡TEN CUIDADO!** Usa gafas protectoras

1. Pon algo de arena seca en un vaso de papel y vierte un poco de agua.

2. Coloca el vaso en una bolsa de plástico. Cierra la bolsa y déjala en un lugar soleado.

3. **Observa** Examina el modelo de la Tierra y el cielo cada hora durante unas horas. Dibuja en tu diario los cambios que veas.

¿Qué descubriste?

1. **Observa** ¿Dónde había agua después de unas horas?

2. **Infiere** ¿De dónde venía?

3. **Infiere** ¿De dónde viene el agua de la lluvia?

27

¿Adónde va el agua?

La ropa está mojada. ¿Qué le pasará a la ropa mojada? ¿Adónde se va el agua?

El calor del Sol hace que el agua de la ropa cambie. El agua líquida se evapora. El agua líquida que se evapora pasa al aire convertida en un gas que no puedes ver.

El agua en forma de gas
se enfría en el aire y se condensa.
El agua que se condensa deja
de ser un gas y vuelve a
convertirse en un líquido que
puedes ver.

¿Qué le pasó al agua en
la *Actividad de exploración*?
¿Se condensó o se evaporó?
Hizo las dos cosas. Primero,
el agua líquida que había en la
arena se convirtió en un gas.
Se evaporó. Después,
el agua que había en el aire
se enfrió. Se convirtió en líquido
dentro de la bolsa. Se condensó.

¿Qué es el ciclo del agua?

No puedes ver cómo el agua pasa al aire, pero sabes que lo hace. El agua se mueve una y otra vez entre la Tierra y el cielo. El ciclo del agua es el constante movimiento del agua entre la Tierra y el cielo.

1 El Sol calienta el agua líquida de la Tierra. El agua del suelo, los mares y los ríos se evapora en el aire.

2 El agua se enfría y condensa en el aire. Las gotitas de agua forman nubes.

3 Las gotitas se hacen más grandes y el agua cae en forma de lluvia, nieve o granizo.

¿Por qué es importante?

Los seres vivos necesitan el agua que circula entre la Tierra y el cielo, pero nunca sabemos cuánto va a llover. ¿Por qué se construyen embalses?

REPASO

1. ¿Qué le pasa al agua de un charco en un día de sol?

2. ¿Cuál es la causa?

3. **Piensa y escribe** ¿Qué pasa cuando se condensa un gas?

4. **Comunica** Explica el ciclo del agua.

5. Dibuja el ciclo del agua. Rotula los pasos.

ARTE
CONEXIÓN

31

Tema 5

CIENCIAS DE LA TIERRA

¿Por qué es importante?

El tiempo cambia cada día y de estación en estación.

Cambios de tiempo

¿Qué tiempo hacía cuando ibas a la escuela esta mañana?

¿Está igual ahora?

¿Hará el mismo tiempo mañana?

INVESTIGA

¿Cómo puede cambiar el tiempo en un día? ¿Y en una semana?

¿Cómo cambia el tiempo?

En esta actividad observarás y registrarás cambios de tiempo. Escribe las respuestas en tu diario.

Necesitas

- **tabla del tiempo**
- *Diario científico*

¿Qué hacer?

1. **Observa** Observa el tiempo por la mañana, al mediodía y por la tarde durante 5 días.

2. Escribe lo que veas en la tabla del tiempo.

3. **Identifica** Busca patrones.

¿Qué descubriste?

1. **Identifica** ¿Cómo cambió el tiempo cada día? ¿Y durante la semana?

2. **Compara** ¿Ves algunos patrones en el tiempo? ¿Cuáles son?

¿Qué es el tiempo?

El tiempo depende del Sol, la Tierra, el agua y el viento. Cuando cambia una de estas cosas se produce un cambio de tiempo.

Si hay poca agua en el aire y brilla el sol, el día puede ser seco y cálido.

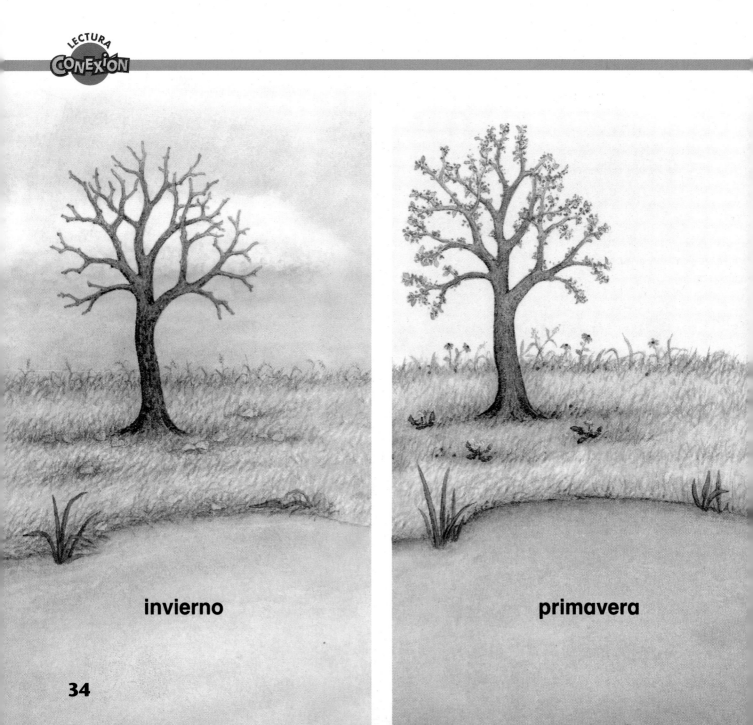

invierno

primavera

Si hay mucha agua en el aire y el cielo está nublado, el día puede ser lluvioso o frío y nevado.

En la *Actividad de exploración* viste que el tiempo puede cambiar de un día a otro y hasta en un mismo día. Si anotas el tiempo de todo un año, verás que también cambia de una estación a otra. Mira las ilustraciones. ¿Dónde podría nevar o llover? Explica por qué.

verano

otoño

35

¿Qué son las inundaciones y las sequías?

Cuando llueve demasiado en un lugar puede haber una inundación. Cuando llueve poco puede haber una sequía.

CientíficaMente

¿Cómo afectan las inundaciones y sequías a las plantas?
¿Y a los animales?

¿Por qué es importante?

El tiempo es importante para las plantas y las personas. Nos vestimos según el tiempo que hace. Los agricultores deben saber qué tiempo hace para cuidar sus plantas y animales. ¿Quién más necesita estar informado sobre el tiempo?

REPASO

1. ¿De qué depende el tiempo?

2. ¿Por qué cambia el tiempo?

3. Menciona algunos tipos de tiempo.

4. **Comunica** ¿Cuál es la diferencia entre una inundación y una sequía?

5. **Piensa y escribe** ¿Cómo afectan las inundaciones a la gente?

Tema
CIENCIAS DE LA TIERRA
6

¿Por qué es importante?

El agua de la Tierra no debe desperdiciarse ni ensuciarse.

Vocabulario

recursos naturales cosas útiles que nos da la Tierra

conservar ahorrar

contaminar ensuciar

El cuidado del agua

¿Para cuántas cosas usas el agua? La verdad es que podríamos enumerar muchos usos.

Con agua te cepillas los dientes, te bañas y hasta lavas a tu perro. Todos los días, gastas mucha agua.

INVESTIGA

¿Cuánta agua usas cada día? ¿Crees que el agua se puede acabar?

¿Cuánta agua usas?

¿Crees que alguna vez podrías quedarte sin agua? Esta actividad te ayudará a saberlo. Escribe las respuestas en tu diario.

Necesitas
- 2 vasos
- 10 fichas
- marcador
- *Diario científico*

¿Qué hacer?

1. Rotula los dos vasos como indica la foto.

2. Pon 10 fichas en el vaso *agua*. Las fichas representan la cantidad de agua que vas a usar.

3. Saca una ficha del vaso *agua* cada vez que uses agua hoy. Ponla en el vaso *usos*.

¿Qué descubriste?

1. **Identifica** ¿Cuántas fichas de *agua* han quedado al final del día?

2. **Predice** ¿Crees que podríamos quedarnos sin agua? Explica.

39

Usa el vocabulario

ciclo del agua

condensa

conservas

contamina

evapora

recursos
 naturales

1. El __?__ es el movimiento constante del agua entre la Tierra y el cielo. página 30

2. El agua se __?__ cuando pasa al aire convertida en un gas que no puedes ver. página 28

3. El agua se __?__ cuando vuelve a convertirse en un líquido que puedes ver. página 29

4. Ahorras agua cuando la __?__. página 41

5. El agua y el aire son __?__, o sea, cosas útiles que nos da la Tierra. página 40

6. El agua se __?__ cuando la ensuciamos. página 42

Usa conceptos científicos

7. ¿Por qué es importante el ciclo del agua? página 30

8. **Observa** ¿Qué tiempo hace hoy? páginas 34–35

9. ¿Por qué se debe ahorrar agua? páginas 40–41

10. ¿Cómo contaminamos el agua? página 42

CAJA de SOLUCIONES

El tiempo en un frasco Pon agua caliente en un frasco. Coloca sobre él una bandeja con cubitos de hielo. Ilumínalo con una linterna. ¿Qué observas? Escríbelo.

Usa el vocabulario

ciclo del agua	conservar
contamina	evapora	fruto

1. El __?__ es el movimiento constante del agua entre la Tierra y el cielo.

2. La parte de la planta con semillas se llama __?__.

3. El agua se __?__ cuando hace calor.

4. Debemos __?__ el agua para que no se acabe.

5. El agua se __?__ cuando las personas la ensucian.

Aplica conceptos y destrezas

6. ¿Por qué algunas plantas del desierto tienen raíces profundas?

7. ¿Por qué las hojas de las coníferas son enceradas?

8. ¿Qué debe hacer la gente cuando hay sequía?

9. **Observa** Esta bolsa estuvo al sol. ¿Qué ves?

10. ¿Cómo se puede contaminar el agua?

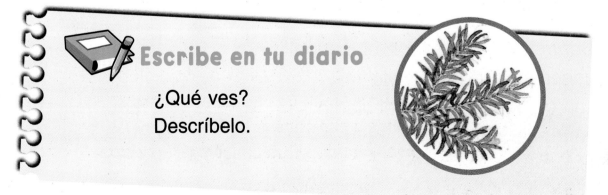

Escribe en tu diario

¿Qué ves?
Descríbelo.

CAJA de SOLUCIONES

Ponte en camino

Los miembros del Club de Montaña tomaron las fotos de abajo en una excursión. Escribe sobre lo que vieron cada día. ¿Dónde comenzó y terminó la caminata? Dibuja un mapa. Indica con flechas la dirección del recorrido.

bosque de pinos

desierto del este

estanque

Día 1: ¡Ay! ¡Cómo pinchan las espinas! ¿Dónde estábamos?

Día 2: Encontramos mucho de esto. ¿Dónde estábamos?

Día 3: ¡Qué foto tan buena! ¿Dónde estábamos?

MATEMÁTICAS
CONEXIÓN

El equipo del tiempo

Controla el tiempo con el equipo adecuado. Mide la lluvia con un pluviómetro y el viento con un anemómetro. Anota el tiempo en tu tabla.

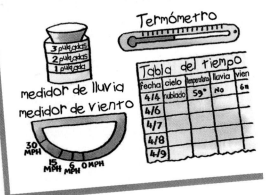

Termómetro

medidor de lluvia
medidor de viento

Tabla del tiempo				
fecha	cielo	temperatura	lluvia	vien
4/4	nublado	59°	No	6m
4/6				
4/7				
4/8				
4/9				

PISTAS DEL PASADO

CAPÍTULO 3

DESCUBRE EL PASADO

¿Por qué es importante?

Impresiones y huellas son pistas que nos ayudan a conocer el pasado.

Vocabulario

impresión marca que deja un objeto sobre una superficie

fósil restos de animales o plantas que vivieron hace mucho tiempo

inferir usar lo que uno sabe para descubrir algo

Usar pistas

¿Te gustan las adivinanzas? Esta foto de una playa es como una adivinanza. Las huellas son pistas que nos ayudan a saber qué ocurrió.

Los científicos usan pistas para explicar qué sucedió con los animales y las plantas que vivieron hace mucho tiempo. Tú también puedes usar pistas.

INVESTIGA

¿Qué crees que ocurrió aquí? ¿Qué te indican las huellas?

ACTIVIDAD DE EXPLORACIÓN

¿Qué te enseñan las huellas?

En esta actividad aprenderás a "leer" huellas. Escribe las respuestas en tu diario.

Necesitas
- regla
- *Diario científico*

¿Qué hacer?

Tu maestro o maestra colocará huellas de papel en el piso del salón de clases.

1. **Compara** ¿En qué se parecen las huellas de los grupos A y B? ¿En qué se diferencian?

2. **Compara** ¿En qué se parecen las huellas de los grupos A y C? ¿En qué se diferencian?

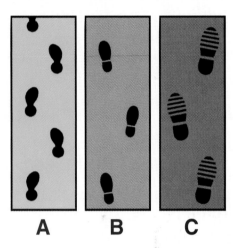

A   B   C

¿Qué descubriste?

1. **Infiere** ¿Son todas las huellas de la misma persona? ¿Cómo lo sabes?

2. **Identifica** ¿Cuáles son las huellas de alguien que caminaba? ¿Cuáles son las de alguien que corría?

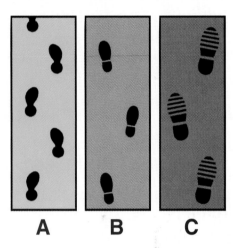

¿Qué pistas nos ayudan a conocer el pasado?

En la *Actividad de exploración* viste cómo leer huellas. Los científicos observan huellas para aprender sobre los dinosaurios.

Una huella es un tipo de impresión. Una impresión es la marca que deja un objeto sobre una superficie. Muchas plantas y animales que vivieron hace tiempo dejaron impresiones. ¿De qué son estas impresiones?

Los científicos también han encontrado restos de huesos y dientes de animales. Los restos de animales y plantas que vivieron hace mucho tiempo se llaman fósiles.

Los fósiles son pistas que nos ayudan a conocer los animales y plantas del pasado. Los científicos comparan los fósiles con seres vivos. Así saben de qué tamaño eran los seres del pasado y qué comían.

Éstos son los huesos fósiles de un triceratops. Este animal usaba sus dientes para comer plantas. Su altura era igual a la de dos niños de segundo grado subidos uno encima del otro.

¿Cuál es la altura de este triceratops? ¿Cómo lo sabes?

¿Qué figura dejó esta impresión?

¿Cuál de estas figuras dejó la impresión de abajo? ¿Cómo lo sabes?

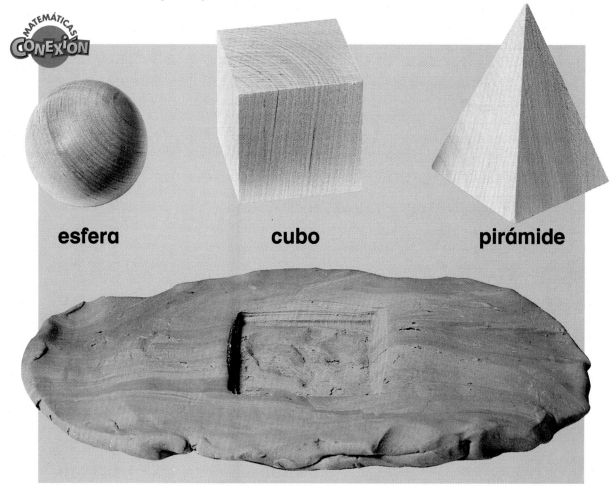

esfera   **cubo**   **pirámide**

Tus sentidos te permiten observar la impresión. Puedes verla. Utilizas los ojos para ver.

¿Cómo sabes qué figura dejó esta impresión? Lo puedes inferir. Inferir significa usar lo que uno sabe para descubrir algo.

Cuando los científicos observan impresiones, infieren qué pudo hacerlas.

¿Cómo protegen a sus crías los toros almizclados?

En esta actividad aprenderás por qué los toros almizclados hacen un círculo alrededor de sus crías. Escribe las respuestas en tu diario.

Necesitas

- reloj
- *Diario científico*

¿Qué hacer?

1. Van a jugar durante 5 minutos en un espacio amplio.

2. La mayoría de niños y niñas son toros adultos. Unos cuantos son crías, y 3 ó 4 son lobos.

3. Los adultos forman un círculo alrededor de las crías, como muestra el dibujo.

4. Los lobos intentan atrapar alguna cría. Los adultos tratan de impedirlo.

cría   lobo   adulto

¿Qué descubriste?

1. **Explica** ¿Fue difícil para los lobos atrapar alguna cría?

2. **Infiere** ¿Por qué se agrupan algunos animales?

59

¿Qué nos enseñan los fósiles de los dinosaurios?

Unos científicos encontraron huesos fósiles en una llanura de América del Norte. Eran huesos de muchos tipos de dinosaurios. Al comienzo no encontraron huesos de crías de dinosaurio.

Después, los científicos encontraron huevos fósiles. Dentro de algunos huevos había pequeños huesos. Estos fósiles demuestran que algunos dinosaurios ponían huevos.

Los huevos estaban en parte cubiertos por lodo. Se cree que el lodo ayudaba a incubarlos.

Había muchos nidos juntos. En la *Actividad de exploración* viste que los animales se agrupan para proteger a sus crías. Quizá los dinosaurios ponían sus huevos juntos para protegerlos. Tal vez algunos tipos de dinosaurios cuidaban todas las crías.

Algunos dinosaurios ponían huevos más pequeños que una pelota de golf. Otros los ponían como pelotas de fútbol. ¿Qué animales de hoy ponen huevos?

huevos de dinosaurio en un nido

¿Qué pistas nos dan los animales de hoy?

Los científicos no saben con seguridad cómo vivían los dinosaurios. Para saberlo, no sólo usan los fósiles. También observan a los animales de hoy.

Algunos pájaros hacen sus nidos en un mismo lugar. Así pueden incubar y criar a sus pequeños de manera segura.

Los caimanes cubren sus nidos con plantas. El calor que desprenden las plantas cuando se pudren ayuda a incubar los huevos.

Estas huellas de dinosaurio
corresponden a una manada
o un grupo. Creemos que algunos
dinosaurios vivían en manadas
porque así viven muchos animales
de hoy.

REPASO

1. ¿Qué fósiles se encontraron en una llanura
   de América del Norte?

2. ¿Por qué algunos dinosaurios cubrían
   sus nidos con lodo?

3. ¿Cómo obtienen pistas los científicos
   para estudiar a los dinosaurios?

4. **Observa** ¿Qué cosas puedes observar
   en los animales de hoy?

5. **Piensa y escribe** ¿En qué se parecen
   los dinosaurios a los animales de hoy?

63

¿Por qué es importante?

Sabemos cómo eran los dinosaurios por sus huesos.

Vocabulario

esqueleto estructura que forman los huesos del cuerpo

paleontólogo persona que estudia la vida en el pasado

Armar un esqueleto

¿Notas los huesos de tu cuerpo? Todos tus huesos forman el esqueleto. Tu esqueleto sostiene y da forma a tu cuerpo.

Los dinosaurios también tenían esqueleto. Pero los científicos no siempre encuentran esqueletos completos de dinosaurios. Sólo hallan algunos de sus huesos.

INVESTIGA

¿Qué aprendemos sobre los dinosaurios al observar sus huesos?

¿Qué huesos encajan?

Ahora verás cómo los huesos te ayudan a construir un esqueleto de dinosaurio. Escribe las respuestas en tu diario.

Necesitas

- tijeras
- cinta adhesiva
- papel grande
- copia de huesos de dinosaurio
- *Diario científico*

¿Qué hacer? MATEMÁTICAS CONEXIÓN

1. **Infiere** Corta y une los huesos de dinosaurio. Muéstralos a tu maestro o maestra.

   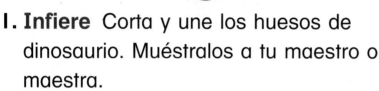 **¡TEN CUIDADO!** Con las tijeras.

2. Pega los huesos con cinta adhesiva. Después, pega el esqueleto en el papel.

3. **Compara** Traza una línea alrededor del esqueleto de tu dinosaurio. Busca tu dinosaurio en las páginas 66–67. Escribe el nombre en el papel.

¿Qué descubriste?

1. **Explica** ¿Cómo supiste qué huesos encajaban unos con otros?

2. **Infiere** ¿Qué te enseña el esqueleto del dinosaurio?

¿Cómo eran los dinosaurios?

El esqueleto es la estructura que forman los huesos del cuerpo. En la *Actividad de exploración* uniste los huesos para formar un esqueleto. Usaste lo que sabes sobre los animales de hoy. Así trabaja un paleontólogo. Un paleontólogo es una persona que estudia la vida en el pasado.

Los paleontólogos unen los huesos de dinosaurio para saber qué forma tenía su esqueleto. Después intentan explicar cómo eran aquellos animales y cómo vivían.

Parasaurolopus

- Medía unos 10 metros (33 pies) de largo.

- Tenía hasta 300 dientes.

- Su alargada cresta ósea quizá servía para hacer sonidos.

- Viajaba en manadas.

Braquiosaurio

- Era tan alto como 10 niños uno encima de otro, aproximadamente 12 metros (40 pies).

- Medía unos 23 metros de largo (75 pies).

- Pesaba más que 10 elefantes juntos.

- Viajaba en manadas.

Allosaurio

- Medía unos 11 metros de largo (36 pies).

- Pesaba tanto como un elefante.

- Tenía dientes largos y afilados.

67

¿Qué aprendemos de los dientes fósiles?

Algunos dinosaurios comían plantas. Otros se alimentaban de animales. ¿Cómo lo sabemos?

Sus dientes nos dan una pista. El allosaurio tenía dientes afilados para despedazar la carne. El iguanodón tenía dientes planos para triturar las plantas. ¿Qué animales de hoy tienen dientes como éstos? ¿Qué comen esos animales?

Allosaurio

Iguanodón

Los animales del pasado tenían las mismas necesidades que los de hoy. Necesitaban alimento y quizá también refugio. Un refugio es un lugar donde los animales están a salvo de sus enemigos.

REPASO

1. ¿Qué hacen los paleontólogos?

2. ¿Qué aprendemos de los esqueletos de dinosaurios?

3. **Piensa y escribe** ¿Qué aprendemos de los dientes de dinosaurios?

4. **Infiere** ¿Qué necesitaban los animales del pasado para vivir?

5. Dibuja los dientes de un dinosaurio que comía carne.

ARTE
CONEXIÓN

69

¿Por qué es importante?

Los animales del pasado conseguían su alimento del mismo modo que los animales de hoy.

Vocabulario

cadena alimentaria
paso de la energía de los alimentos de unos seres vivos a otros

La comida es energía

¿Te gusta la leche? ¿Y los sándwiches de mantequilla de cacahuate con mermelada? ¿Y las manzanas? Éstos son sólo algunos de los alimentos que puedes comer un día cualquiera. ¿Cuáles de esos alimentos vienen de las plantas? ¿Cuáles de los animales?

¿Qué otros alimentos vienen de plantas o animales?

¿De dónde viene lo que comemos?

En esta actividad clasificarás algunos de los alimentos que comes. Escribe las respuestas en tu diario.

Necesitas
- creyones
- *Diario científico*

¿Qué hacer?

1. ¿Qué te gustaría comer en un desayuno sano? Dibuja los alimentos en tu diario.

2. **Clasifica** ¿Cuáles de esos alimentos vienen de las plantas? Dibújalos.

3. **Clasifica** ¿Cuáles de esos alimentos vienen de los animales? Dibújalos.

¿Qué descubriste?

Explica ¿De dónde viene lo que comemos?

71

Hadrosaurio

O. C. Marsh

Edward Drinker Cope

Buscadores de huesos

Edward Drinker Cope y O. C. Marsh eran científicos. A fines de los años 1800, buscaban huesos de dinosaurio en Estados Unidos. Pero en vez de trabajar juntos, cada uno quería ser el primero en descubrir nuevos fósiles.

Marsh fue el primero en descubrir huesos de apatosaurio. También halló huesos de estegosaurio y pterodáctilo.

Cope descubrió huesos de camarasaurio y de otros muchos dinosaurios.

Cope y Marsh ayudaron a la gente a conocer mejor los dinosaurios. Los fósiles que encontraron se pueden ver hoy en los museos.

Pterodáctilo

Estegosaurio

Comenta

1 ¿Qué hubiera pasado si Cope y Marsh hubieran trabajado juntos? ¿Qué habrían logrado?

2 ¿Cómo se ayudan hoy los científicos?

Usa el vocabulario

cadena
   alimentaria

esqueleto

fósiles

impresión

inferir

paleontólogos

1. ___?___ es usar lo que sabes para descubrir algo. página 54

2. Los ___?___ son restos de seres del pasado. página 53

3. Una ___?___ es la marca de un objeto sobre una superficie. página 52

4. La ___?___ es el paso de la energía de los alimentos de unos seres vivos a otros. página 74

5. Un ___?___ es la estructura que forman los huesos del cuerpo. página 66

6. Los ___?___ estudian la vida en el pasado. página 66

Usa conceptos científicos

7. ¿Qué aprendes de las huellas? página 52

8. ¿Por qué algunos científicos creen que algunos dinosaurios hacían sus nidos en grupos? página 61

9. ¿Qué aprendemos de un diente fósil? página 68

10. **Infiere** ¿Qué infieres de esta foto? página 5___

CAJA de SOLUCIONES

¡Vaya tigre! El tigre dientes de sable se extinguió hace mucho tiempo. ¿Qué puedes decir sobre él? Compáralo con otros tigres que conoces.

CAPÍTULO 4
CUADERNO DE LA TIERRA

La vida en el pasado

¿Dejas la ropa usada en cualquier sitio de tu cuarto o la pones en un cesto?

Carmen pone su ropa en el cesto cada día. Al final de la semana hay una pila de ropa muy alta.

¿Por qué es importante?

La Tierra y sus seres vivos cambiaron con el paso del tiempo.

Vocabulario

era período de tiempo muy largo

era paleozoica época de donde vienen los fósiles más antiguos de plantas y animales

extinguirse desaparecer de la Tierra

era mesozoica "Edad de los reptiles"

era cenozoica "Edad de los mamíferos"

INVESTIGA

¿Dónde está la ropa que Carmen llevaba el martes? ¿Y la del viernes? ¿Qué ropa puso primero en el cesto?

| sábado |
| viernes |
| jueves |
| miércoles |
| martes |
| lunes |

¿Cuál es la capa más joven?

En esta actividad verás cómo se han apilado las capas de roca de la Tierra. Escribe las respuestas en tu diario.

Necesitas

- **plastilina: roja, amarilla, azul, y verde**
- **creyones: rojo, amarillo, azul, y verde**
- **cuchillo de plástico**
- **caracola**
- **botón**
- **llave**
- ***Diario científico***

¿Qué hacer?

1. Pon la caracola en el centro de la plastilina roja. Cúbrela con plastilina amarilla.

2. Pon la llave en el centro de la plastilina amarilla y cúbrela con plastilina verde.

3. Pon el botón en el centro de la plastilina verde y cúbrela con plastilina azul.

4. Corta el "sándwich" para ver los objetos. Dibuja el "sándwich" en tu diario.

MATEMÁTICAS CONEXIÓN

¿Qué descubriste?

1. **Identifica** La capa de plastilina de abajo es la más antigua. ¿Cuál es la capa más joven?

2. **Infiere** Los objetos son como fósiles en las rocas. ¿Qué objeto es el fósil más antiguo?

81

¿Cómo conocemos la historia de la Tierra?

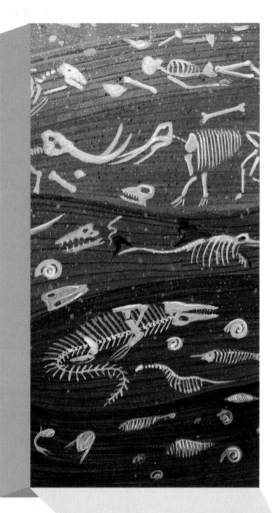

Las capas de la Tierra son como un álbum de recortes. Nos dan pistas de cómo cambió la Tierra con el tiempo. La *Actividad de exploración* demuestra que las capas superiores son más jóvenes y las inferiores más antiguas.

Los científicos reúnen pistas para explicar la historia de la Tierra. La historia de la Tierra se divide en épocas llamadas eras. Una era es un período de tiempo muy largo.

Era
cenozoica

Era
mesozoica

Era
paleozoica

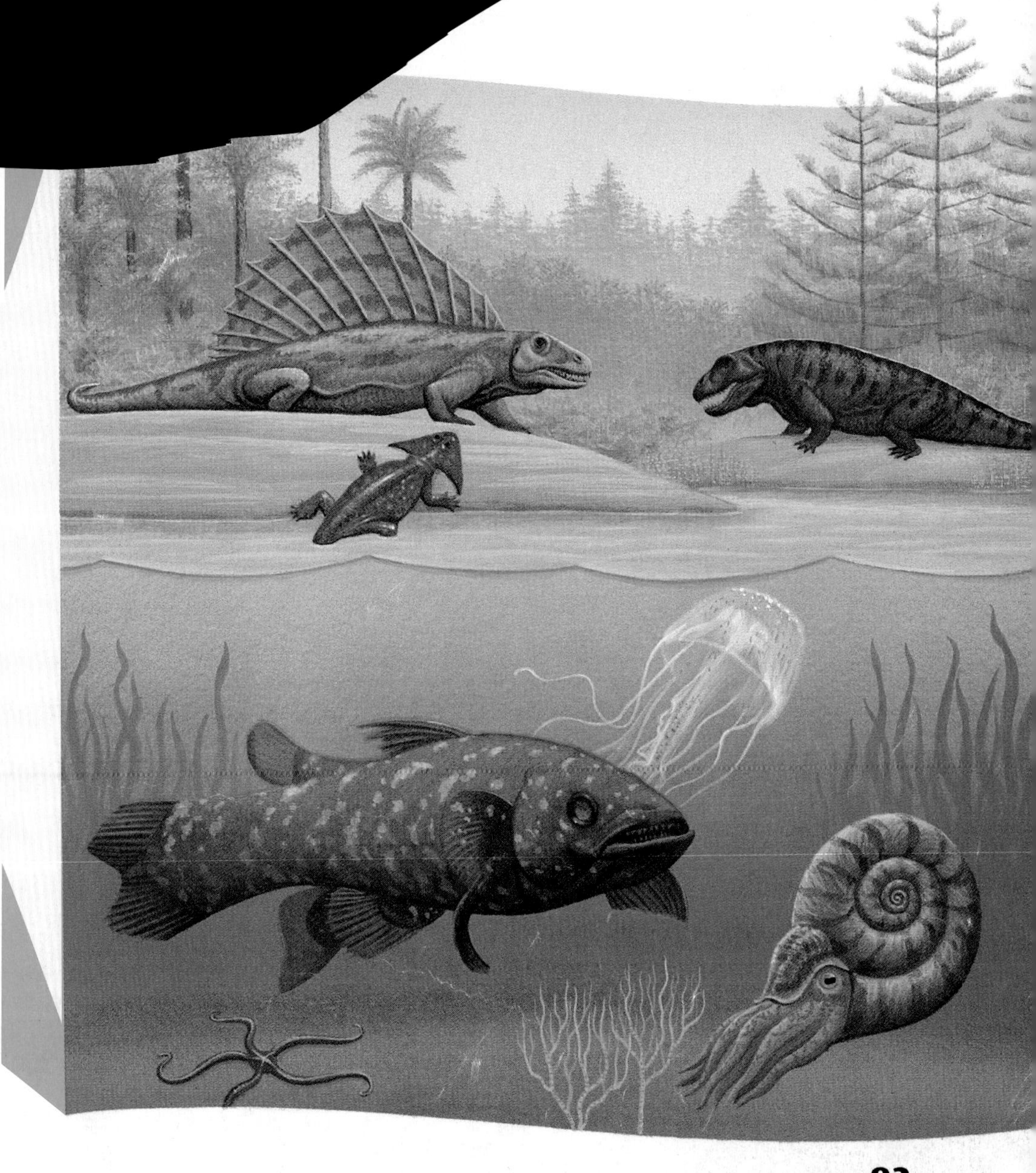

Hace mucho tiempo, algunos lugares de la Tierra eran parecidos al que ves abajo. La época de donde vienen los fósiles más antiguos de plantas y animales se llama era paleozoica. En ese tiempo la Tierra ía muchos mares.

ambió. Se enfrió y s seres vivos e extinguieron. ecer de la Tierra.

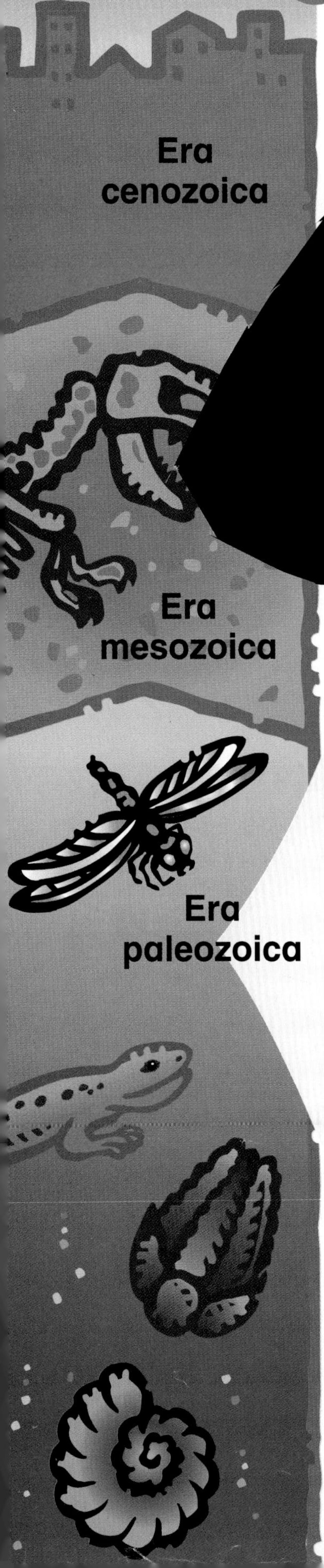

Era
cenozoica

Era
mesozoica

Era
paleozoica

84

¿Qué pasó después?

La siguiente era fue la era mesozoica.
La era mesozoica se llama también "Edad de
los reptiles". En esa época la Tierra se hizo
más cálida. Estaba cubierta por pantanos
y bosques. Los dinosaurios y otros animales
vivieron en esa era.

Después vino la era cenozoica. Esta era
también se llama la "Edad de los mamíferos".
La era cenozoica, que empezó hace mucho
tiempo, es la era en que vivimos actualmente.

1. ¿Cómo saben los científicos que la Tierra cambió con el paso del tiempo?

2. ¿Qué es una era?

3. ¿En qué era vivieron los dinosaurios?

4. **Usa los números** Ordena las eras de la Tierra de la más antigua a la más reciente.

5. **Piensa y escribe** ¿Se extinguieron los dinosaurios? ¿Cómo lo sabes?

g
en

Vocabu

en peligro de extinción se dice de los seres vivos que están a punto de desaparecer de la Tierra

...o para vivir?

El juego de las necesidades

¿Qué pasa con los animales cuando no tienen lo necesario? Escribe las respuestas en tu diario.

Necesitas

- cartulina gruesa
- *Diario científico*

¿Qué hacer?

1. Van a jugar en un gran espacio abierto. Escuchen las explicaciones del juego que da el maestro o la maestra.

2. Los "anotadores" escribirán información sobre cada una de las 4 rondas en una tabla grande.

3. Al acabar el juego, copia la información de la tabla en tu diario.

¿Qué descubriste?

1. Identifica ¿Qué pasa con el número de animales al avanzar el juego?

2. Infiere ¿Qué les pasa a los animales cuando no tienen lo necesario para vivir?

comida   agua   refugio

87

Era cenozoica

Era mesozoica

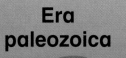

Era paleozoica

88

¿Continúa la historia de la Tierra?

En la *Actividad de exploración* viste que los animales se extinguen cuando no tienen lo necesario para vivir. Los dinosaurios se extinguieron cuando no pudieron satisfacer sus necesidades.

Pero los dinosaurios no fueron los únicos animales que desaparecieron. En las ilustraciones ves algunos animales de la era cenozoica. ¿Cuáles se extinguieron?

rana
marsupial

gorrión pardo
del litoral

Los seres vivos se extinguen cuando
no pueden vivir con los cambios en la Tierra.
Algunos cambios son naturales, como
las enfermedades. Otros son causados
por personas que dañan el lugar donde
viven plantas y animales.

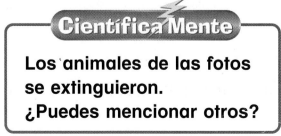

CientíficaMente

**Los animales de las fotos
se extinguieron.
¿Puedes mencionar otros?**

¿Qué seres vivos están en peligro de extinción?

Muchas plantas y animales en la actualidad están en peligro de extinción. Los cambios en la Tierra les hacen difícil la vida. Los seres vivos están en peligro de extinción cuando están a punto de desaparecer de la Tierra.

Las sarracenias están en peligro de extinción. Se construyen casas donde vivían esas plantas.

Lo mismo pasa con los manatíes del Caribe. La gente de hoy destruye sus hogares marinos.

manatíes del Caribe

sarracenia

Tenemos que salvar a los animales y plantas en peligro de extinción. Debemos proteger sus hogares. Si no lo hacemos, muchos animales y plantas corren el peligro de extinguirse, como los dinosaurios.

REPASO

1. ¿Qué causa que los seres vivos se extingan?

2. Nombra un animal extinguido.

3. Nombra una planta o un animal que esté en peligro de extinción.

4. **Infiere** Los pandas comen una planta llamada bambú. ¿Qué les pasaría si se acabara todo el bambú?

5. **Piensa y escribe** ¿Qué pasaría con las personas si se extinguieran los animales y las plantas?

ERRORES

¿Cometes errores? ¡También los paleontólogos! Ellos son los científicos que estudian y ensamblan los huesos de dinosaurio.

En 1830 se descubrieron huesos de un iguanodón. Uno de ellos parecía un pincho. Los científicos lo colocaron en la nariz del animal.

Más tarde se descubrieron otros ejemplares de iguanodón. Entonces los científicos vieron que ese pincho pertenecía en realidad al dedo pulgar.

Antes se creía que los dinosaurios arrastraban la cola y caminaban como los lagartos. Los lagartos se mueven con las patas separadas. Pero al estudiar las huellas de dinosaurio no se encontraron marcas de cola. ¡Los dinosaurios caminaban con la cola levantada!

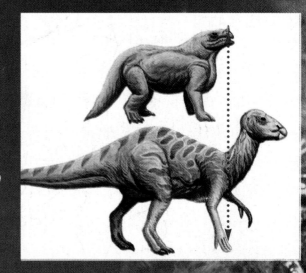

Los científicos, por tanto, ya no creen que los dinosaurios caminaban como los lagartos. Los dinosaurios caminaban con las patas debajo del cuerpo.

1. ¿Qué dos errores cometieron los científicos sobre los dinosaurios?

2. ¿Crees que se cometerán nuevos errores sobre los dinosaurios? Explica.

que enseñan

Usa el vocabulario

en peligro
   de extinción

era

era cenozoica

era mesozoica

extinguido

1. Vivimos en la era ___?___. página 84

2. Las plantas y animales que están a punto de desaparecer están ___?___. página 90

3. Una ___?___ es un período de tiempo muy largo. página 82

4. La ___?___ se llama también "Edad de los reptiles". página 84

5. Los seres que han desaparecido de la Tierra se han ___?___. página 83

Usa conceptos científicos

6. ¿Qué nos muestran las capas de roca de la Tierra? página 82

7. ¿De qué era son los fósiles más antiguos de plantas y animales? página 83

8. ¿Cómo se llama también la era cenozoica? página 84

9. ¿Por qué se extinguieron los dinosaurios? página 88

10. **Comunica** ¿En qué se diferencian los animales y plantas en peligro de extinción de los que se han extinguido? páginas 88-90

CAJA de SOLUCIONES

En la cuerda floja Dibuja un animal en peligro de extinción. Explica por qué está en peligro y cómo lo salvarías.

REPASO DE LA UNIDAD 2

Usa el vocabulario

> cadena alimentaria   en peligro de extinción
> esqueleto   extinguido   fósil

1. Los restos de un dinosaurio son un tipo de ___?___.

2. Los pandas están ___?___ porque quedan unos pocos.

3. El ___?___ lo forman todos los huesos del cuerpo.

4. Una ___?___ es el paso de la energía de los alimentos de unos seres a otros.

5. Los dinosaurios se han ___?___ porque desaparecieron de la Tierra hace mucho tiempo.

Usa conceptos científicos

6. Nombra dos cosas que los paleontólogos usan para inferir sobre animales extinguidos.

7. ¿Por qué los científicos piensan que algunos dinosaurios ponían sus huevos en nidos?

8. ¿Qué infieres de los dientes de un animal?

9. ¿Por qué se extinguen los seres vivos?

10. **Infiere** El fósil de un pez está debajo del fósil de un dinosaurio. ¿Cuál es más antiguo?

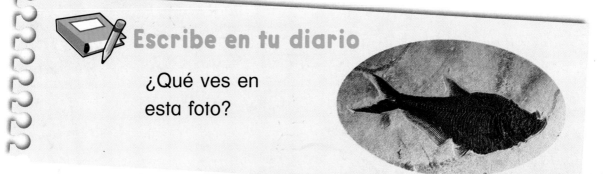

Escribe en tu diario

¿Qué ves en esta foto?

95

CAJA de SOLUCIONES

Pájaros en la Isla Trinos

Esta gráfica muestra el número de pájaros en la Isla Trinos durante varios años. Copia la gráfica. Busca un patrón. ¿Puedes predecir el número de pájaros para el año 2000? Represéntalo en la gráfica y explica por qué.

Número de pájaros en la Isla Trinos

Animales en peligro de extinción

Haz una tarjeta con datos sobre un animal en peligro de extinción. Busca información en libros y revistas. Dibuja el animal en la tarjeta. Intercambia tu tarjeta con tus compañeros.

Ballena azul
¿Dónde vive? en el mar
¿Por qué está en peligro? por la pesca
¿Qué come? Krill

La ballena azul es el animal más grande que se conoce.

TODO CAMBIA

CAPÍTULO 5

CALOR

¿Por qué es importante?

El calor puede cambiar las cosas.

Vocabulario

calor energía capaz de cambiar una cosa

temperatura medida de la cantidad de calor

medir hallar el tamaño o la cantidad de algo

termómetro instrumento que mide la temperatura

combustible material que despide calor cuando se quema

Calor y cambio

¿Has jugado alguna vez en la nieve? Quizá sepas que la nieve es agua helada. Quizá sepas que la nieve no dura para siempre. ¿Qué cambia?

INVESTIGA

¿Qué está cambiando aquí? ¿Qué causa este cambio?

¿Por qué cambian los cubitos de hielo?

¿Influye el lugar donde colocas un cubito de hielo en la rapidez con que cambia? En esta actividad lo descubrirás. Escribe las respuestas en tu diario.

Necesitas

- 3 cubitos de hielo
- 3 vasos
- reloj
- *Diario científico*

¿Qué hacer?

1. Escribe tu nombre en cada vaso. Pon un cubito dentro de cada uno.

2. Coloca el primer vaso en un lugar soleado, el segundo a la sombra y el tercero en un lugar cálido.

3. **Observa** Espera 5 minutos. MATEMÁTICAS CONEXIÓN Observa lo que sucede en cada vaso. Espera 5 minutos más.¿Qué sucedió?

¿Qué descubriste?

1. **Identifica** ¿Cómo cambió el hielo al cabo de 5 minutos? ¿Y después de 10 minutos?

2. **Compara** ¿En qué vaso cambió más el hielo? ¿Qué sucedió?

99

¿Qué cosas puede cambiar el calor?

En la *Actividad de exploración* viste lo que le sucede a un cubito de hielo en un lugar cálido o soleado. Se calienta y se derrite. El calor hace que las cosas se calienten y cambien. El calor es energía capaz de cambiar una cosa.

El calor puede hacer que el hielo sólido se convierta en agua líquida. Hace que los cubitos de hielo se derritan. ¿Qué otros sólidos pueden convertirse en líquidos debido al calor?

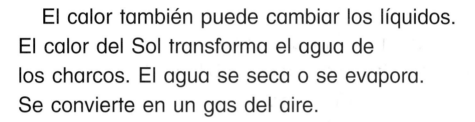

El calor también puede cambiar los líquidos. El calor del Sol transforma el agua de los charcos. El agua se seca o se evapora. Se convierte en un gas del aire.

Las cosas cálidas están más calientes que las frías. La **temperatura** es la medida de la cantidad de calor de una cosa. ¿Qué cosas tienen una temperatura cálida? ¿Cuáles tienen una temperatura fría?

¿Cómo puedes medir?

Puedes medir este sujetapapeles para hallar su largo. Medir es hallar el tamaño o la cantidad de algo. El sujetapapeles mide unos 5 centímetros de largo.

Puedes medir para hallar el largo o la altura, para conocer el peso y la profundidad o el número de cosas. También puedes medir para hallar la temperatura.

Para medir las cosas empleas instrumentos. Un termómetro es un instrumento que mide la temperatura. ¿Qué otros instrumentos se usan para medir? ¿Cómo lo hacen?

NATIONAL GEOGRAPHIC

CURIOSA
MENTE

¿Qué puede haber más caliente que la superficie del Sol? ¡El rayo! Es como seis veces más caliente. ¿Qué deberías hacer al oír un trueno o al ver un rayo?

Medir

En esta actividad medirás la temperatura en el interior de 3 vasos.

¿Qué hacer?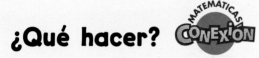

1. Trabaja en grupos pequeños. Llena un vaso con hielo, otro con agua tibia y un tercero con agua fría. Espera 2 minutos.

2. **Predice** Toca la parte exterior de cada vaso. ¿A qué temperatura está cada vaso? Escríbelo en tu diario.

3. **Mide** Pon un termómetro en cada vaso y espera 2 minutos. Lee y anota cada temperatura.

   ¡**TEN CUIDADO!** Maneja bien los termómetros.

¿Qué descubriste?

1. **Compara** ¿Se aproximaron tus predicciones?

2. **Identifica** ¿Cuándo debes usar un termómetro? ¿Puedes predecir?

Necesitas

- **3 vasos de plástico transparente**
- **cubitos de hielo**
- **agua tibia**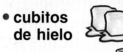
- **agua fría**
- **3 termómetros**
- **reloj**
- ***Diario científico***

¿De dónde obtenemos calor?

Mucho de nuestro calor procede de la energía del Sol. El Sol calienta el aire, el agua y el suelo de la Tierra.

El calor también procede de los combustibles. Éstos son materiales que despiden calor cuando se queman. La madera, el gas natural y el petróleo son combustibles. ¿De dónde vienen?

El petróleo viene de los restos de plantas y animales.

El gas natural viene de los restos de plantas y animales.

La madera viene de los árboles.

Muchos lugares de la Tierra son muy fríos. No puedes vivir en ellos sin calor. ¿Cómo se usa aquí el calor?

REPASO

1. ¿Qué hace derretirse a los helados y evaporarse a los líquidos?

2. Nombra algunas cosas que nos dan calor.

3. ¿Qué son los combustibles?

4.  **Mide** ¿Cuál es la temperatura en tu salón de clases?

5. **Piensa y escribe** ¿Cómo sería la Tierra sin el Sol?

Tema
CIENCIAS FÍSICAS

2

¿Por qué es importante?

El calor puede pasar de unas cosas a otras.

Calor en movimiento

¿Has preparado alguna vez *marshmallows* a la parrilla? Quedan muy sabrosos. ¿Por qué estas personas utilizan unas varillas tan largas para cocinarlos? ¿Cómo se pueden cocinar los *marshmallows* sin fuego?

INVESTIGA

¿El calor se mueve? ¿Lo hace igual a través de todas las cosas?

¿Por qué es importante?

La luz es importante para ti. No puedes ver nada sin ella. Pero, la luz solar o cualquier otra luz brillante puede dañar tus ojos. ¿Cómo puedes protegerlos de la luz muy brillante?

REPASO

1. ¿Qué es la luz?

2. ¿De dónde recibe la Tierra gran parte de su luz?

3. ¿Cómo se mueve la luz?

4. **Infiere** ¿Por qué no vemos las cosas en la oscuridad?

5. **Piensa y escribe** ¿Cómo se mueve la luz en esta imagen?

Tema 4
CIENCIAS DE LA TIERRA

¿Por qué es importante?

Con el paso del tiempo, las estrellas y la Luna parecen cambiar en el cielo.

Vocabulario

constelación conjunto de estrellas

fases de la Luna diferentes figuras de la Luna

El cielo nocturno

¿Cuándo fue la última vez que observaste el cielo de noche? ¿Había estrellas? ¿Dónde estaban? ¿Sobre tu casa? ¿Sobre un árbol? ¿Estaban en el mismo lugar cuando las miraste más tarde?

INVESTIGA

¿Se mueven las estrellas por la noche? ¿Cómo lo sabes?

122

¿Se ve el cielo igual toda la noche?

En esta actividad descubrirás cómo cambia el cielo por la noche. Escribe las respuestas en tu diario.

Necesitas

• Tarjetas ilustradas

• *Diario científico*

¿Qué hacer?

1. **Ordena** Ordena las tarjetas ilustradas. ¿Son todas iguales? ¿Son diferentes?

2. **Predice** ¿Cómo crees que será la siguiente ilustración?

3. Dibuja la misma imagen de tu casa en cada uno de los 3 recuadros de tu diario.

4. Dibuja el cielo sobre tu casa en una noche clara. Anota la hora. Vuelve a dibujarlo una hora más tarde y 2 horas después.

¿Qué descubriste?

Compara ¿Qué era igual en tus dibujos? ¿Qué era diferente? ¿Qué demuestra eso?

¿Cambia el cielo nocturno?

¿Observaste alguna vez las estrellas durante un largo rato? Parecen formar figuras en el cielo. Un conjunto de estrellas que forma una figura es una constelación.

Hay muchísimas constelaciones en el cielo nocturno. Estas imágenes muestran sólo una de ellas.

primavera

verano

En la *Actividad de exploración* viste que los objetos parecen moverse en el cielo nocturno con el paso de las horas.

¿Cómo parece moverse en el cielo esta constelación a lo largo de las estaciones?

Científica Mente

No siempre podemos ver las estrellas por la noche. ¿Qué nos impide verlas?

otoño

invierno

¿Cambia la Luna?

La Luna no tiene luz como las estrellas. La vemos porque refleja la luz del Sol.

Aunque la Luna parece cambiar de forma, no lo hace. Lo que cambia es cuánto vemos de la parte iluminada de la Luna.

Cada mes vemos el mismo patrón de figuras. Las diferentes figuras que vemos de la Luna se llaman fases de la Luna.

La Luna y las estrellas despiertan
la curiosidad de la gente. Se escriben relatos
y poemas sobre ellas. También inspiran
canciones. El hombre incluso visitó la Luna.
¿Qué sabes tú de la Luna?

REPASO

1. ¿Qué cosas parecen cambiar en el cielo nocturno con el tiempo?

2. ¿Qué es una constelación?

3. ¿Qué parece cambiar de la Luna?

4. **Infiere** ¿Por qué se estudian las estrellas por la noche?

5. **Piensa y escribe** ¿Crees que la gente podría vivir en la Luna? Explica tu respuesta.

127

¿Por qué es importante?

Cuando algo se mueve produce sonido, pero no todos los sonidos son iguales.

Vocabulario

sonido una forma de energía

vibrar moverse algo muy rápido de un lado a otro

tono lo alto o bajo que es un sonido

Escucha los sonidos

¿Tienes algún sonido preferido? ¿Un susurro? ¿El canto de un pájaro? ¿El rumor de las olas del mar?

El sonido está en todas partes. Casi todas las cosas se pueden usar para producir sonido. ¿Qué hiciste para producir sonidos?

INVESTIGA

¿Cómo se produce el sonido? ¿Son iguales todos los sonidos?

¿Cómo se produce el sonido?

¿Qué sucede cuando pulsas las cuerdas atadas a 3 vasos de diferente tamaño? Escribe las respuestas en tu diario.

Necesitas

- **3 vasos de papel de diferente tamaño**
- **lápiz**
- **3 pedazos de cuerda**
- **3 sujetapapeles**
- **gafas protectoras**
- ***Diario científico***

¿Qué hacer?

1. Haz un pequeño agujero en el fondo del vaso más pequeño. **¡TEN CUIDADO!** Usa gafas protectoras.

2. Ata una cuerda a un sujetapapeles. Pásala por el agujero y tira de ella hasta que el sujetapapeles llegue al fondo del vaso.

3. **Observa** Un compañero o compañera y tú sostienen el vaso y la cuerda. Otro pulsa la cuerda. Anota lo que ocurre.

4. Repítelo en los otros 2 vasos.

¿Qué descubriste?

1. **Identifica** ¿Qué les pasó a las cuerdas?

2. **Compara** ¿Qué resultó igual en los 3 vasos? ¿Y diferente? ¿A qué se deben esas diferencias?

129

¿Qué es el sonido?

MÚSICA
CONEXIÓN

Las cuerdas de la guitarra-vaso de la *Actividad de exploración* producen **sonido**. El sonido es un tipo de energía producido por vibraciones. Algo **vibra** cuando se mueve muy rápido de un lado a otro. ¿Qué vibra aquí?

Las cuerdas vibran.

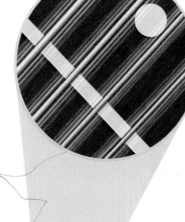

Los sonidos producidos por las guitarras-vasos de la *Actividad de exploración* eran diferentes. Algunos sonidos eran altos y otros bajos.

El **tono** es lo alto o lo bajo que es un sonido. ¿Cuál de estos instrumentos musicales da un tono alto? ¿Cuál da un tono bajo?

131

¿En qué más se diferencian los sonidos?

Sabes que los sonidos pueden ser altos o bajos. También pueden ser fuertes o débiles. Todas estas son maneras de producir sonidos. ¿Cómo describirías estos sonidos?

Puedes oír música y cantar. ¿Para qué otras cosas usas el sonido?

REPASO

1. ¿Qué es el sonido?

2. ¿Cuándo se produce el sonido?

3. ¿De qué maneras se diferencian los sonidos?

4. **Identifica** ¿Qué sonido es más fuerte, el de alguien que canta o el de 4 tambores? Explica tu respuesta.

5. **Piensa y escribe** Haz una lista de todos los sonidos que oigas en los próximos minutos. Describe cada sonido con una sola palabra.

Tema

CIENCIAS FÍSICAS

6

¿Por qué es importante?

El sonido puede moverse a través de las cosas.

El sonido en movimiento

¿Cómo puedes hablar con tu mejor amigo desde lejos? ¿Puedes hacerlo con una cuerda? ¡Sí!

Mira la fotografía. Estos niños están muy lejos uno del otro, pero uno de ellos puede oír hablar al otro. ¿Cómo sucede esto?

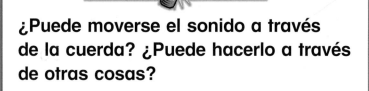

INVESTIGA

¿Puede moverse el sonido a través de la cuerda? ¿Puede hacerlo a través de otras cosas?

¿Por dónde se mueve el sonido?

¿Puede moverse el sonido a través de las cosas? Descúbrelo. Escribe las respuestas en tu diario.

Necesitas

- percha metálica
- cuerda
- lápiz
- gafas protectoras
- *Diario científico*

¿Qué hacer?

1. **Observa** Haz que tu compañero o compañera golpee una percha con un lápiz. Anota lo que observas.

2. Toma 2 pedazos de cuerda. Ata cada uno a los extremos de la percha. Enrolla las cuerdas a tus dedos índice. Llévate esos dedos a los oídos.

   ¡TEN CUIDADO! Usa gafas protectoras.

3. Haz que tu compañero o compañera vuelva a golpear la percha con el lápiz.

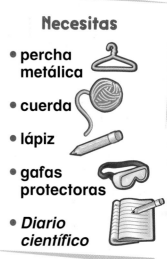

¿Qué descubriste?

1. **Identifica** ¿Qué observaste en los pasos 1 y 3?

2. **Infiere** ¿Hacia dónde se movió el sonido?

135

¿Viaja el sonido a través de las cosas?

Al sonar la bocina de un auto oyes
su sonido. ¿Cómo llega hasta ti ese sonido?

1 **Las vibraciones de la bocina del auto producen sonido.**

2 **El sonido puede moverse a través de la materia, ya sea sólida, líquida o gaseosa. Aquí el sonido se mueve a través del aire, que es un gas.**

3 **El sonido llega al oído de la niña. Allí empiezan a vibrar unos pequeños huesos. Así la niña puede oír el sonido.**

En la *Actividad de exploración* viste que el sonido se puede mover a través del aire, de una percha y una cuerda. ¿Crees que el sonido se puede mover a través de tu escritorio? Pruébalo.

El sonido se mueve a través de los sólidos, como la cuerda y tu escritorio, hasta los pequeños huesos que hay dentro de tu oído. Cuando llega a tu oído es que oyes el sonido.

Científica Mente

Los pájaros carpinteros comen insectos que viven bajo la corteza de los árboles. ¿Cómo saben dónde están los insectos si no pueden verlos?

TAP
TAP
TAP
TAP
TAP
TAP

¿Puede moverse el sonido a través del agua?

Recuerda la última vez que fuiste a nadar. ¿Oías algo bajo el agua?

Los líquidos son otro tipo de materia. El sonido también puede moverse a través de los líquidos.

Los sonidos muy fuertes se mueven a través del aire, llegan hasta tus oídos y pueden dañarlos. ¿Qué puedes hacer para protegerlos?

REPASO

1. ¿Cómo oímos?

2. Si no puedes ver un desfile, ¿cómo puedes saber que hay uno cerca?

3. Alguien llama a la puerta. ¿Por dónde se mueve el sonido?

4. **Infiere** Al visitar una tienda de mascotas ves un cartel que dice: "Se ruega no golpear las peceras". ¿Por qué?

5. **Piensa y escribe** ¿Cuáles son algunos de los sonidos más fuertes que pueden dañar tus oídos?

Plática acuática

¿Oyes a tus amigos mientras nadan bajo el agua? Tú puedes oír bajo el agua. Las ballenas y los delfines también. El fondo del mar está demasiado oscuro para ver a lo lejos. Las ballenas y los delfines emplean el sonido para saber qué hay a su alrededor.

Los animales dan chasquidos
y escuchan. Los chasquidos se reflejan
o sea, rebotan, en lo que encuentran
a su paso. Puede ser otra ballena u otro
delfín.

¡O tal vez comida!

Casi todas las ballenas y delfines viven
en grupos. Se "hablan" por medio
de llamadas. La llamada de algunas
ballenas suena como el aullido del lobo.
Otras ballenas silban. Los delfines
silban y chillan.

Los científicos intentan imitar los
sonidos de la ballena y el delfín. ¡Quizá
algún día puedan "hablar" con ellos!

COMENTA

1. ¿Qué tipos de sonido emiten
   las ballenas y los delfines?

2. ¿Por qué las ballenas y los delfines
   necesitan oír muy bien?

Usa el vocabulario

Une cada palabra con su significado.

1. reflejar

    a. lo alto o lo bajo que es un sonido
    página 131

2. constelación

    b. moverse algo muy rápido de un lado a otro página 130

3. tono

    c. rebotar página 120

4. sonido

    d. un conjunto de estrellas página 124

5. vibrar

    e. un tipo de energía página 130

Usa conceptos científicos

6. ¿Cómo se mueve la luz? página 119

7. ¿Qué son las fases de la Luna? página 126

8. ¿Por dónde puede moverse el sonido?
    página 136-138

9. Nombra algo que produzca un sonido fuerte.
    página 132

10. **Compara** ¿En qué se diferencia la Luna de las estrellas? página 126

CAJA de SOLUCIONES

Haciendo ruidos Coloca tu mano sobre tu cuello y habla. ¿Qué sientes? Presiona y afloja con tus dedos mientras cantas. ¿Qué le pasa al sonido?

Usa el vocabulario

constelación luz reflejan temperatura combustibles

1. Un termómetro mide la __?__.

2. La __?__ es una forma de energía que emiten las estrellas.

3. Vemos las cosas porque __?__ la luz.

4. Una __?__ es un conjunto de estrellas que forma una figura.

5. La madera y el petróleo son __?__.

Aplica conceptos y destrezas

6. Pusiste una tapa sobre una sartén caliente y se calentó enseguida. ¿Qué pasó?

7. ¿Qué ocurre cuando vibra un tambor?

8. Nombra 2 cosas del cielo nocturno que parecen cambiar.

9. ¿Por qué oyes a un bebé que llora en otro cuarto?

10. **Mide** Usa una regla. ¿Cuánto mide de largo tu diario científico?

MATEMÁTICAS CONEXIÓN

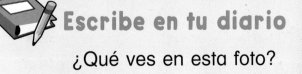 **Escribe en tu diario**

¿Qué ves en esta foto?

CAJA de SOLUCIONES

El calor se mueve

Si un objeto caliente toca uno frío, ¿hacia dónde se mueve el calor? La flecha muestra hacia dónde se mueve el calor en el primer par de objetos. Copia los otros pares de objetos. Dibuja flechas para mostrar hacia dónde se moverá el calor. Usa la clave de temperatura para ayudarte.

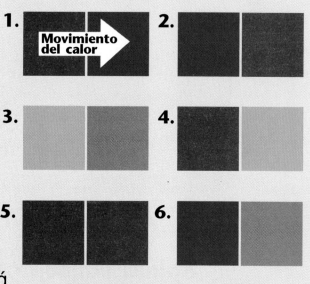

1. Movimiento del calor
2.
3.
4.
5.
6.

Clave de temperatura

caliente   cálido   fresco   frío

MATEMÁTICAS CONEXIÓN

Espejo, espejito

Escribe una palabra en una hoja de papel. Si la miras reflejada en un espejo, verás las letras al revés. ¿Qué puedes hacer para leerlas correctamente?

CAPÍTULO 7

MÁQUINAS
Y FUERZAS

¿Por qué es importante?

Para mover cosas pesadas debes empujar o jalar con más fuerza que para mover cosas livianas.

Vocabulario

fuerza un empujón o un jalón

gravedad fuerza que jala las cosas hacia la Tierra

Empujones y jalones, grandes y pequeños

¿Cómo sabes que algo se movió? Cuando ves que no está en el mismo lugar que antes.

Los niños de la foto suben y luego bajan. Su posición cambia.

INVESTIGA

¿Qué hace que las cosas se muevan? ¿Se mueven todas del mismo modo?

¿Cómo movemos las cosas?

Vas a observar cómo cambian de lugar diferentes cosas cuando las empujas o jalas con la misma fuerza. Anota las respuestas en tu diario.

Necesitas
- papel
- ficha
- taco de madera
- *Diario científico*

¿Qué hacer?

1. Haz una bola de papel. Alínea la bola, el taco y la ficha sobre el escritorio.

2. **Predice** ¿Cuál de las tres cosas llegará más lejos, si las empujas con la misma fuerza?

3. Empuja cada cosa. Asegúrate de no empujar una con más fuerza que otra. Describe sus posiciones.

¿Qué descubriste?

1. **Identifica** ¿Cómo moviste cada cosa?

2. **Infiere** ¿Qué cosa llegó más lejos en el paso 3? ¿Por qué crees que pasó eso? ¿Creíste que pasaría esto?

147

¿Qué es una fuerza?

En la *Actividad de exploración* viste que los tacos, el papel y las fichas no pueden moverse solos. Para moverlos hay que empujarlos o jalarlos. Un empujón o un jalón son fuerzas.

¿Cómo cierra la puerta la niña? La empuja. Un empujón es una fuerza. ¿Cómo mueve el trineo? Lo jala. Un jalón también es una fuerza.

jalar

empujar

148

¿Qué pasa cuando saltas? Que algo te jala hacia abajo. También algo jala la pelota hacia abajo. Es una fuerza que se llama gravedad. La gravedad es una fuerza que jala las cosas hacia la Tierra.

La gravedad jala con más fuerza las cosas pesadas que las livianas. ¿Qué crees que jala más la gravedad: una bola de boliche de 10 libras o una de 8 libras? ¿Por qué?

¿Cómo usamos los números?

¿Por qué sabes que la bola de 10 libras pesa más que la de 8 libras sin tener que levantarla? Lo sabes porque los números te informan de las cosas.

Los números te ayudan a contar y a medir cosas. También te dicen cuánta cantidad hay de algo. Los números te ayudan a saber en qué se parecen y se diferencian las cosas sin necesidad de verlas.

Usa los números

¿Cuánta fuerza hace falta para mover diferentes cosas? Usa los números para hacer la comparación.

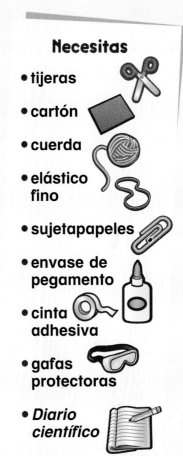

Necesitas

- tijeras
- cartón
- cuerda
- elástico fino
- sujetapapeles
- envase de pegamento
- cinta adhesiva
- gafas protectoras
- *Diario científico*

¿Qué hacer?

1. Tu maestro o maestra te ayudará a hacer un jalador. ¡TEN CUIDADO! Usa gafas protectoras.

2. Ata las tijeras al final de la cuerda. Con el jalador, jala las tijeras muy despacio a lo largo del escritorio.

3. **Usa los números** Al jalar, tu compañero o compañera observa hasta qué número se estira el elástico. Anótalo en tu diario.

4. Repite jalando el envase de pegamento.

¿Qué descubriste?

1. **Compara** ¿Qué cosa mostró el número más alto cuando jalaste?

2. **Infiere** ¿Qué cosa jalaste con más fuerza?

¿Cuánta fuerza necesitas para mover cosas?

El niño solo no puede mover el escritorio. No tiene bastante fuerza para empujar. Pero cuando lo ayuda su amiga, el escritorio se mueve. ¿Por qué? Dos personas tienen más fuerza para empujar que una sola.

Cuando el niño quita los libros del escritorio, puede moverlo solo. ¿Por qué?

Conocer las fuerzas y cómo se mueven las cosas puede ayudarte a hacer tareas.

Antes, el niño no podía mover solo el pesado escritorio. Ahora sí puede. ¿Por qué?

REPASO

1. ¿Qué es una fuerza?

2. ¿Qué hace mover las cosas?

3. ¿Qué es la gravedad?

4. **Usa los números** Una caja pesa 35 libras y otra 40 libras. ¿Cuál es más pesada? ¿Cómo lo sabes?

5. **Piensa y escribe** Un carrito con juguetes es difícil de mover. ¿Cómo puedes moverlo? Usa la palabra fuerza en tu respuesta.

Tema
CIENCIAS FÍSICAS

2

¿Por qué es importante?

La fuerza cambia la manera en que se mueven las cosas.

Vocabulario

fricción una fuerza causada por el roce de una cosa contra otra

Fuerzas y cambio

¿Jugaste con tus compañeros a pasar rodando la pelota? Eso es lo que están haciendo estos niños.

INVESTIGA

¿Cómo cambia la fuerza la manera en que se mueven las cosas?

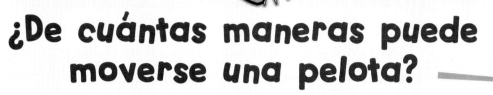
¿De cuántas maneras puede moverse una pelota?

¿Cómo cambia la fuerza la manera en que se mueve una pelota? Vamos a descubrirlo. Escribe las respuestas en tu diario.

Necesitas

- pelota de goma
- *Diario científico*

¿Qué hacer?

1. Juega con algunos compañeros. Siéntense en el piso como los niños de la foto.

2. Túrnense para hacer rodar la pelota de unos a otros.

3. Hagan rodar la pelota más rápido y luego más despacio.

4. Háganla rodar en distintas direcciones.

¿Qué descubriste?

1. **Explica** ¿Qué hiciste para que la pelota fuera más rápido? ¿Y más despacio?

2. **Explica** ¿Qué hiciste para que la pelota se moviera en otra dirección?

155

¿Cómo cambia la fuerza el movimiento de las cosas?

En la *Actividad de exploración* viste que cuando cambia la fuerza, cambia también la manera en que se mueven las cosas. Mira cómo cambia la fuerza del jalón en estos dibujos. Cada cambio en la fuerza mueve el carrito de manera diferente.

1 Un jalón hace que el carrito empiece a moverse.

2 Cuando el jalón es más fuerte, el carrito se mueve más rápido.

3 Una de las niñas
se va. El jalón
es más débil
y el carrito
va más despacio.

4 Al cambiar
la dirección
de la fuerza,
el carrito
cambia de
dirección.

5 La niña deja de
jalar. Las ruedas
siguen rozando el
suelo hasta que el
carrito se detiene.

¿Qué frena las cosas?

Las ruedas rozan contra el suelo. Ese roce hace que el carrito y los patines vayan más despacio. La fuerza causada por el roce de una cosa contra otra se llama fricción.

La fricción hace que los aviones aterricen y frenen. ¿Qué parte del avión hace fricción? Fricciona tus manos. ¿Qué sientes? ¿Qué pasa con las ruedas de los aviones?

Sabes usar la fuerza para que tu bicicleta empiece a moverse. También sabes cambiar la fuerza para que la bicicleta frene y deje de moverse. ¿Quién hace más fuerza en estos dibujos? ¿Por qué?

REPASO

1. ¿Qué le pasa a una cosa que se mueve si la empujas o jalas con más fuerza?

2. Dos niños empujan una caja. Uno deja de empujar. ¿Cómo se mueve la caja ahora?

3. ¿Qué le pasa a una cosa que se mueve cuando cambia la dirección de la fuerza?

4. **Infiere** ¿Por qué algunos zapatos tienen bultitos en las suelas?

5. **Piensa y escribe** ¿Qué pasa si le das un empujón a una caja vacía sobre el suelo?

Tema
CIENCIAS FÍSICAS
3

¿Por qué es importante?

Las palancas sirven para levantar cosas.

Vocabulario

máquina simple
aparato que cambia la dirección y la cantidad de una fuerza

palanca máquina simple que cambia la fuerza necesaria para levantar cosas

fulcro punto de apoyo de una palanca

Palancas

El niño intenta tres veces levantar el libro con dos lápices. Cada vez cambia la distancia entre el lápiz de abajo y el libro. Describe dónde está el lápiz de abajo en cada foto.

 INVESTIGA

¿En qué foto le será más fácil levantar el libro con los lápices? ¿En cuál le será más difícil?

B

A

C

¿Cómo es más fácil levantar el libro?

Necesitas

- 2 lápices sin punta
- libro pesado
- cinta adhesiva
- *Diario científico*

En esta actividad aprenderás dónde colocar un lápiz para levantar un libro pesado con facilidad. Escribe las respuestas en tu diario.

¿Qué hacer?

1. **Predice** Mira la página 160. ¿Cuál es el modo más fácil de levantar el libro?

2. Pega un lápiz a tu escritorio con cinta adhesiva. Coloca otro lápiz sobre el que pegaste. Cambia tres veces la posición del libro y del lápiz de arriba.

3. En cada posición presiona el extremo del lápiz de arriba con el dedo meñique. Anota lo que pasa en los tres casos.

¿Qué descubriste?

1. **Compara** ¿Cuándo te fue más fácil levantar el libro? ¿Fue correcta tu predicción?

2. **Infiere** ¿Qué fue diferente en las tres posiciones?

161

¿Cómo funciona una palanca?

Para mover cosas pesadas se necesita mucha fuerza. En la *Actividad de exploración* viste cómo se usa una máquina simple para levantar un libro. Una máquina simple es un aparato que cambia la dirección y la cantidad de una fuerza.

La máquina simple usada aquí es una palanca. La palanca es una máquina simple que cambia la fuerza necesaria para levantar cosas. La palanca tiene una barra dura y un punto donde se apoya la barra. El punto donde se apoya la barra de una palanca se llama fulcro.

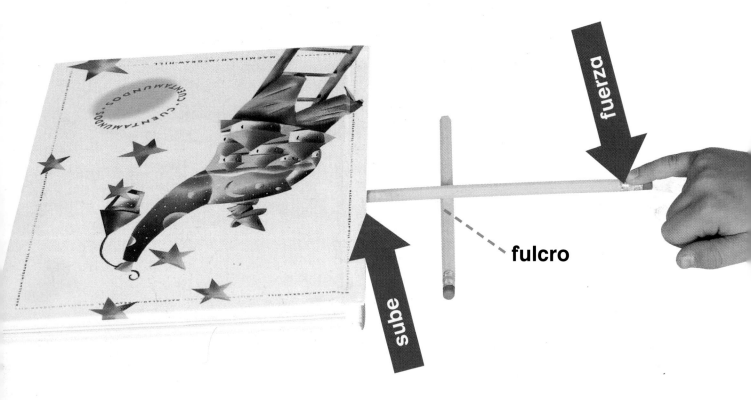

fuerza

sube

fulcro

¿Qué es más fácil?

¿Qué es más fácil, jalar algo por una superficie inclinada o levantarlo? Descúbrelo. Escribe todas las respuestas en tu diario.

¿Qué hacer? CONEXIÓN MATEMÁTICAS

1. Ata 10 arandelas en la punta del jalador de la página 151. ¡TEN CUIDADO! Usa gafas protectoras.

2. **Usa los números** Levanta las arandelas. Lee y anota en tu diario el número que marca el jalador.

3. Coloca un cartón sobre varios libros como muestra la foto. Jala las arandelas por el cartón lentamente.

4. **Usa los números** Lee y anota el número que marca el jalador.

¿Qué descubriste?

Compara ¿Cuándo te fue más fácil mover las arandelas? ¿Por qué lo sabes?

Necesitas

- arandelas
- jalador
- gafas protectoras
- libros
- cartón de 2 pies de largo
- *Diario científico*

167

¿Cómo funciona una rampa?

¿Intentaste alguna vez levantar algo muy pesado? Sabes que para levantar cosas pesadas se necesita mucha fuerza.

Este hombre tiene que hacer un duro trabajo. ¿Qué harías para que su trabajo fuera más fácil?

Este hombre puede usar una rampa. La rampa es una máquina simple con una superficie inclinada. En la *Actividad de exploración* viste que necesitas menos fuerza para mover cosas por una rampa que para levantarlas.

Una rampa puede ser corta y muy inclinada, o larga y poco inclinada. Cuanto más corta e inclinada es la rampa, hace falta más fuerza para empujar una cosa. ¿Con qué tipo de rampa haría este hombre menos fuerza?

¿Dónde usamos las rampas?

¿En qué lugares se usan rampas en estas fotos? ¿En qué se diferencian estas rampas? ¿En qué se parecen?

Tal vez no lo sepas, pero ves y usas rampas cada día. Estas máquinas simples te hacen más fácil llegar a algunos sitios. ¿Qué rampas usaste hoy?

REPASO

1. ¿Qué es una rampa?

2. ¿Por qué es más fácil mover algo por una rampa que levantarlo?

3. ¿En qué rampa es más difícil subir una caja, en una muy inclinada o en una poco inclinada?

 4. **Comunica** Dibuja un lugar donde se usa una rampa.

5. **Piensa y escribe** ¿En qué se parecen las rampas y las palancas? ¿En qué se diferencian?

171

Palancas vivas

¿Sabías que usas palancas para mover tu cuerpo? Tus huesos actúan como palancas. Tus músculos mueven esas palancas. Tus articulaciones, los puntos donde se juntan los huesos, actúan como fulcros.

Cuando tomas una pelota usas una palanca. Los músculos que hay entre el hombro y el codo jalan los huesos del antebrazo. La articulación del codo hace de fulcro.

Cuando te pones de puntillas empleas otras palancas. Los músculos de las pantorrillas levantan tus talones.

Comenta

1 ¿Qué partes de tu cuerpo actúan como palancas?

2 ¿Qué partes de tu cuerpo actúan como fulcros?

Usa el vocabulario

fricción

fuerza

fulcro

gravedad

palanca

rampa

1. Un empujón o un jalón es una ___?___. página 148

2. La ___?___ es el roce que frena las cosas. página 158

3. La ___?___ es la fuerza que te jala hacia abajo. página 149

4. Una ___?___ es una superficie inclinada. página 169

5. El ___?___ es el punto donde se apoya una palanca. página 162

6. Una ___?___ es una máquina simple que cambia la fuerza necesaria para levantar cosas. página 162

Usa conceptos científicos

7. ¿Qué jala la gravedad con más fuerza, un lápiz o un libro? ¿Por qué? página 149

8. ¿Qué pasa cuando empujas con más fuerza una cosa que se mueve? páginas 156-157

9. ¿Qué usarías para subir una caja pesada a un camión: una palanca o una rampa? páginas 162, 169

10. **Usa números** ¿Qué es más difícil: empujar la misma caja por una rampa de 6 pies o por una de 9 pies? ¿Por qué? páginas 150-151, 169

CAJA de SOLUCIONES

¡A divertirse! Inventa una máquina para levantar de la cama a tu hermano o hermana mayor. Usa palancas y rampas. Haz un dibujo de tu máquina.

CAPÍTULO 8
IMANES Y
FUERZAS

Todo sobre los imanes

¿Has tenido alguna vez un imán en tu mano? Las fotos muestran lo que pasa cuando acercas un imán a unos sujetapapeles.

¿Por qué es importante?

Los imanes atraen algunas cosas.

Vocabulario

atraer jalar

polos puntos donde un imán atrae con más fuerza

repeler alejar

INVESTIGA

¿Pasa igual con todas las cosas cuando acercas un imán?

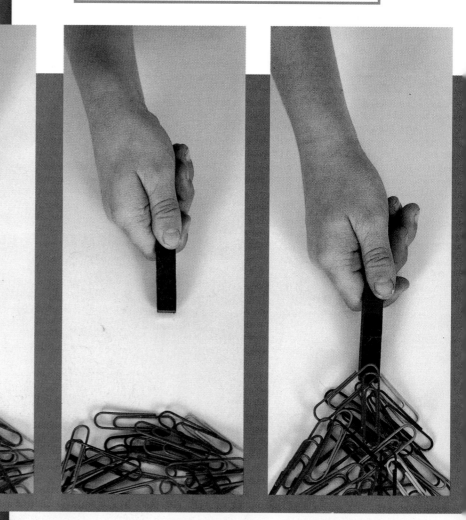

¿Qué cosas se pegan al imán?

Descubre qué tipo de cosas se pegan a un imán. Escribe las respuestas en tu diario.

Necesitas

- bolsa de papel
- objetos metálicos
- objetos no metálicos
- imán
- cuerda
- lápiz
- *Diario científico*

¿Qué hacer?

1. Trabaja con varios compañeros. Haz una caña de pescar como ésta. Pon todos los objetos en la bolsa.

2. **Predice** ¿Qué tipo de cosas pescarás?

3. Pesquen por turno hasta que no puedan sacar nada más de la bolsa. Hagan una pila con su pesca.

4. Hagan otra pila con las cosas que quedaron en la bolsa.

¿Qué descubriste?

1. **Compara** ¿En qué se parecen las cosas que pescaron?

2. **Infiere** ¿Qué cosas se pegan a un imán?

¿Cuándo se atraen los imanes?

En la Actividad de exploración viste que algunas cosas se pegan a los imanes. Los imanes jalan o atraen algunos tipos de cosas. Los imanes atraen las cosas hechas de hierro. Pero no atraen todas las cosas de metal. Un imán no atrae un centavo de cobre ni una tachuela de metal.

Un imán tampoco atrae cosas de madera o de vidrio. ¿Por qué este imán atrae estas cosas?

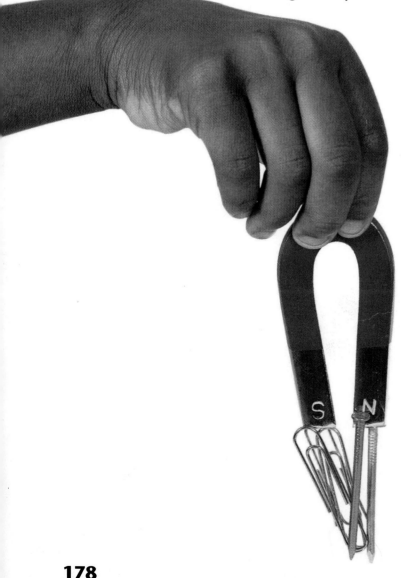

Los imanes tienen dos **polos**. Los polos son los puntos donde un imán atrae con más fuerza. Uno de los polos se llama polo norte (N). El otro se llama polo sur (S). En un imán de barra los polos están en los extremos.

Los imanes también atraen a otros imanes. ¿Qué polos de los imanes se atraen en estos dibujos?

se atraen

se atraen

Tema
CIENCIAS FÍSICAS
6

¿Por qué es importante?

La fuerza de los imanes puede atravesar las cosas.

Vocabulario

campo magnético
espacio alrededor de un imán donde su fuerza atrae o repele

La fuerza de un imán

¿Has visto lo que hace el sujetapapeles de la foto? Quizá pienses que es un truco de magia, pero no lo es. Alrededor de un imán hay un espacio donde el imán atrae algunos objetos.

INVESTIGA

¿Qué distancia puede haber entre un imán y los objetos que atrae?

¿A qué distancia atrae un imán?

Observa la distancia que separa al imán de los objetos que atrae. ¿Puede el imán atraer a través de las cosas? Escribe las respuestas en tu diario.

Necesitas

- imán de barra
- cuerda
- sujetapapeles
- tarjeta
- *Diario científico*

¿Qué hacer?

1. **Observa** Ata un sujetapapeles a una cuerda. Haz que oscile lentamente sobre el imán. Acércalo hasta donde notes que el imán lo atrae.

2. **Comunica** Haz un dibujo en tu diario que muestre a qué distancia el imán atrae el objeto.

3. **Observa** Coloca una tarjeta sobre el imán y repite el paso I.

¿Qué descubriste?

1. **Explica** Comenta a qué distancia atrae el imán en el paso I.

2. **Infiere** ¿Qué ocurre en el paso 3? ¿Por qué?

183

¿Atrae un imán a través de las cosas?

¿Jugaste con este juego? Dentro del cuadro hay trocitos de hierro. Los mueves para hacer un dibujo. ¿Qué hace la niña para dibujar el pelo del hombre?

En la *Actividad de exploración* viste que alrededor de un imán hay un espacio que atrae el sujetapapeles. Fuera de ese espacio, el imán no atrae el sujetapapeles.

La fuerza de un imán es de atracción o empuje. Esa fuerza es tan potente que puede atravesar algunas cosas. La *Actividad de exploración* muestra cómo la fuerza del imán atrae el sujetapapeles a través de la tarjeta. ¿Qué cosas puede atravesar la fuerza de un imán?

¿Qué es un campo magnético?

Imagínate que pones trocitos de hierro en un frasco de aceite para bebés. ¿Qué pasa si echas un imán dentro del frasco? La fuerza del imán atrae los trocitos de hierro. Entonces puedes ver el **campo magnético** alrededor del imán. El campo magnético es el espacio alrededor de un imán donde actúa su fuerza.

Científica Mente

¿En qué parte del campo magnético hay más trocitos de hierro? ¿Por qué crees que pasa eso?

La Tierra es como un gran imán. Tiene un enorme campo magnético que se extiende por el espacio. ¿Dónde es mayor la fuerza de atracción de la Tierra?

REPASO

1. Nombra algunas cosas que pueda atravesar la atracción de un imán.

2. ¿Cuáles son las 2 fuerzas de un imán?

3. ¿Qué es un campo magnético?

4. **Comunica** Dibuja el campo magnético que hay alrededor de un imán de barra.

5. **Piensa y escribe** Imagina que pones un clavo en un balde de agua. ¿Cómo lo sacarías sin mojarte las manos?

En la cresta

¡El tren bala de Japón flota a 15 centímetros (6 pulgadas) de los rieles!

El riel y la parte inferior del tren tienen imanes. El tren flota porque los polos iguales de los imanes se repelen. El viaje es muy suave y silencioso.

Una corriente eléctrica en los rieles crea una ola de energía que empuja el tren hacia adelante.

Este tren es uno de los más rápidos. Además contamina menos porque consume menos combustible.

En algunos lugares de Estados Unidos se planea instalar trenes como éste. ¡Puede que algún día viajes sobre una ola de energía!

Muchas personas visitan los cañones. Algunas hacen cosas que cambian el hábitat. Arrojan basura que contamina. Pilotean aviones que asustan a los animales. Construyen puentes que rompen las paredes del cañón. ¿Qué deberían hacer las personas?

REPASO

1. ¿Qué necesitan los seres vivos?

2. ¿Qué es un hábitat?

3. ¿Qué obtienen los seres vivos de su hábitat?

4. **Clasifica** ¿Cómo clasificarías las cosas que forman un hábitat? Explica tu respuesta.

5. **Piensa y escribe** Un cañón es un hábitat. ¿Conoces algún otro hábitat?

Tema

CIENCIAS DE LA VIDA

2

¿Por qué es importante?

Los animales usan distintas partes de su cuerpo para buscar alimento y defenderse de sus enemigos.

Vocabulario

predador animal que caza otros animales para alimentarse

presa animal cazado

La vida en las rocas

¿Qué crees que va a pasar en esta foto? Los dos animales buscan alimento. ¿Sabes qué come cada uno?

Ahora fíjate en los ojos de los dos animales. ¿En qué parte de la cabeza están?

INVESTIGA

¿Cómo usan los animales sus ojos para protegerse y buscar alimento?

¿Por qué están los ojos donde están?

En esta actividad verás cómo usan los ojos varios animales. Escribe las respuestas en tu diario.

Necesitas

- **2 tubos de cartón**
- *Diario científico*

¿Qué hacer?

1. Ponte de espaldas delante de tu compañero o compañera. Mira por los tubos.

2. Observa Él o ella extenderá los brazos hacia delante. Avisa cuando veas sus dedos.

3. Repitan la acción sin los tubos. Ahora deja que lo haga tu compañero o compañera. Habla sobre lo que ves.

¿Qué descubriste?

1. Identifica ¿Cuándo viste los dedos?

2. Infiere Imagina que eres un venado. ¿Dónde te gustaría tener los ojos? ¿Mirando hacia el frente o hacia los lados? ¿Por qué?

203

¿Por qué los animales pueden vivir en lugares rocosos?

Algunas partes del cuerpo de los animales les sirven para buscar alimento y protegerse.

En la *Actividad de exploración* viste por qué los ojos de muchos animales son diferentes. Los ojos del puma miran hacia el frente. Así ve lo que caza. ¿Dónde tiene los ojos el carnero de las Rocosas? ¿Para qué le sirven?

Las pezuñas del carnero de las Rocosas le permiten caminar por las rocas, escapar de sus enemigos y buscar alimento.

puma

carnero de las Rocosas

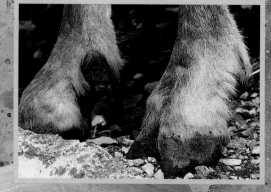

Fíjate en la cola de la serpiente. Parece y suena como una sonaja. La serpiente la agita para alejar a sus enemigos.

El águila tiene unas garras especiales. Con ellas puede agarrar la serpiente y llevársela volando.

CientíficaMente

Mira el pico del águila. ¿Por qué crees que tiene esa forma?

águila

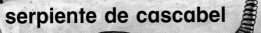
serpiente de cascabel

¿Qué comen?

Un **predador** o depredador es un animal que caza otros animales para alimentarse. El puma caza carneros y por eso es un predador.

Los animales cazados por otros se llaman **presas**. Aquí, el carnero de las Rocosas es la presa del puma.

Observa el águila y la serpiente. ¿Cuál es el predador? ¿Cuál es la presa?

Los seres vivos de un hábitat se necesitan unos a otros. Algunas serpientes comen ratones.

Si las serpientes no comieran ratones, habría tantos ratones que se comerían todo el alimento del hábitat. ¿Qué pasaría entonces con los otros animales?

el cuerpo

...mplo.

¿Por qué es importante?

Cuando los animales crecen se parecen a sus padres. Pero no todos tienen el mismo ciclo vital.

Vocabulario

crisálida estado de la mariposa antes de hacerse adulta

Ciclos de la vida animal

¿Has visto qué cachorros tan lindos? ¿En qué se parecen a su madre y entre sí? ¿En qué se diferencian de su madre y entre sí?

INVESTIGA

Si los animales pertenecen a un mismo grupo, ¿cómo pueden ser diferentes?

Parecidos, pero diferentes

Ahora verás parecidos y diferencias entre algunos animales. Escribe las respuestas en tu diario.

Necesitas

- **tarjetas ilustradas**
- *Diario científico*

¿Qué hacer?

1. **Clasifica** Trabaja con tu compañero o compañera. Elijan una tarjeta ilustrada y busquen otros animales que sean como el animal que eligieron. Hagan un grupo con estas tarjetas.

2. **Clasifica** Hagan 2 grupos más. En cada uno, agrupen animales por su parecido.

¿Qué descubriste?

1. **Compara** ¿En qué se parecen los animales de cada grupo? Describe cada grupo.

2. **Compara** ¿En qué se diferencian?

209

¿Cómo crecen las crías?

Puedes distinguir entre perros, serpientes y mariposas. Todos los perros se parecen mucho. También todas las serpientes y todas las mariposas se parecen. Pero cada perro es distinto a otro perro. Cada serpiente y cada mariposa también son distintas a las demás serpientes y mariposas. Esto lo viste en la *Actividad de exploración*.

Los animales son diferentes unos de otros, pero también se parecen en algo. ¿En qué? Todos son iguales a sus padres cuando se hacen adultos. Los ratoncitos se hacen ratones, nunca se convierten en ranas.

Además, los animales se parecen en que todos tienen un ciclo vital. El ciclo comienza cuando el animal nace. Luego crece y se hace adulto. El adulto tiene crías que serán como él. El ciclo vital termina cuando el animal muere.

Ciclo vital de una rata canguro

recién nacida

cría

adulta

¿Cómo crecen las mariposas?

No todos los animales tienen el mismo ciclo vital. Las crías que nacen de los huevos de las mariposas no se parecen en nada a las mariposas. Tienen forma de gusano y se llaman orugas.

Luego la oruga se convierte en una **crisálida**. La crisálida es el estado de la mariposa antes de hacerse adulta. Unas semanas después la crisálida se convierte en una mariposa adulta.

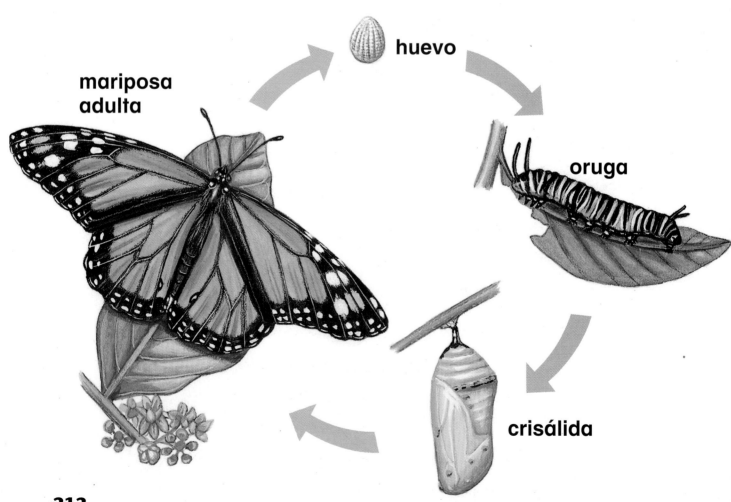

LECTURA CONEXIÓN

Ciclo vital de una mariposa

huevo

oruga

crisálida

mariposa adulta

Como los animales, cuando seas adulto te parecerás a tus padres. Pero no serás exactamente igual a ellos.

Como los animales, tú también tienes un ciclo de vida. Naciste y crecerás. Quizá algún día tendrás hijos que se parecerán a ti.

REPASO

1. ¿En qué se parecen los perros? ¿En qué se diferencian?

2. ¿En qué se parecen los ciclos vitales de los animales?

3. Piensa y escribe ¿Qué es una crisálida?

4. Comunica ¿En qué se diferencia el ciclo vital de una mariposa del ciclo vital de un ratón? Explica tu respuesta.

5. ¿Cómo crees que es el ciclo vital de un águila? Dibújalo.

En defensa del halcón peregrino

Este halcón peregrino vive en lo alto de un peñasco. Hace poco tiempo sólo quedaban unos cuantos halcones peregrinos en Estados Unidos. Casi se habían extinguido.

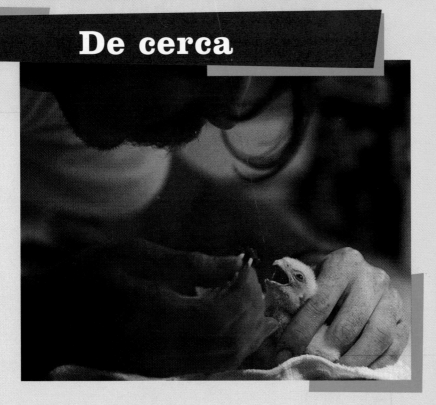

Los científicos estudiaron el problema y decidieron criar polluelos. Cuando estos crecieron lo suficiente, soltaron algunos en zonas rocosas y otros en ciudades. Los halcones comenzaron a criar sus propios polluelos.

Ahora hay más halcones peregrinos. En las ciudades anidan sobre las cornisas de los edificios altos. ¡Éstos tienen su nido en el piso 39!

Comenta

1 ¿Cómo se ha protegido al halcón peregrino?

2 ¿Qué otros animales están casi extinguidos?

Usa el vocabulario

cañón

clasificar

crisálida

hábitat

predador

presa

1. El animal cazado para alimento de otro se llama __?__. página 206

2. Un __?__ es un lugar muy profundo entre paredes empinadas. página 196

3. Un __?__ es el lugar donde viven plantas y animales. página 200

4. Un __?__ caza otros animales. página 206

5. __?__ es agrupar cosas parecidas. página 198

6. Una __?__ es la mariposa antes de ser adulta. página 212

Usa conceptos científicos

7. ¿Qué encuentran los seres vivos en su hábitat? página 200

8. ¿Para qué le sirven las pezuñas al carnero de las Rocosas? página 204

9. ¿En qué se parecen los ciclos vitales de los animales? páginas 211-212

10. **Clasifica** ¿Cómo clasificarías un ratón, una serpiente y un puma? página 199

CAJA de SOLUCIONES

Como pez en el agua Piensa en un animal pequeño, como un insecto o un pez. ¿Qué necesitarás para crear su hábitat? ¿Cómo le darás lo que necesita?

CAPÍTULO 10
LA VIDA
EN LAS
CUEVAS

Propiedades de las rocas

¿Alguna vez te has fijado bien en las rocas? Están por todas partes. Caminas sobre ellas. Las ves en el suelo, en las paredes de los edificios y en las laderas de los cañones.

¿Por qué es importante?

Hay muchas clases de rocas. Las rocas son útiles para las personas.

Vocabulario

propiedad aspecto, textura, olor, sabor o sonido de una cosa

mineral sólido hallado en la naturaleza que no es ni planta ni animal

INVESTIGA

Hay muchas clases de rocas. ¿Cómo podríamos diferenciar unas de otras?

¿Cómo puedes clasificar las rocas?

En esta actividad vas a clasificar rocas. Escribe las respuestas en tu diario.

Necesitas

- rocas pequeñas
- lupa
- 2 trozos largos de hilo
- balanza
- *Diario científico*

¿Qué hacer?

1. **Observa** Mira tu roca con una lupa.

2. **Clasifica** Trabaja con otros 4 compañeros. Hagan 2 círculos con el hilo. Túrnense para clasificar las rocas en 2 grupos. Deja que otros adivinen la regla que usaron para clasificarlas.

   ▨ **¡TEN CUIDADO!** Lávate las manos cuando termines.

¿Qué descubriste?

1. **Identifica** ¿Qué sentidos usaste para clasificar las rocas?

2. **Comunica** ¿Qué reglas usó tu equipo?

3. **Predice** ¿Se pueden clasificar las rocas por su peso? Usa una balanza para averiguarlo.

219

¿Cuáles son algunas propiedades de las rocas?

En la *Actividad de exploración* viste cómo dos niñas clasificaron sus rocas. Rosa las clasificó por su color en claras y oscuras. Beth, por su peso en livianas y pesadas.

El color y el peso son algunas propiedades de las rocas. Las propiedades de una cosa son: aspecto, textura, olor, sabor o sonido. Las propiedades de una clase de rocas las diferencian de otras. Las rocas pueden clasificarse según sus propiedades.

Las rocas están hechas de partes más pequeñas llamadas minerales. Un mineral es un sólido hallado en la naturaleza que no es ni planta ni animal. Los minerales dan a las rocas sus diferentes propiedades.

El granito es una roca hecha de los minerales mica, feldespato y cuarzo.

mica

feldespato

cuarzo

¿De qué otra manera podemos describir las rocas?

Las rocas tienen formas y tamaños diferentes.

Algunas son más altas que una casa. Otras son muy pequeñas, como los granos de arena. ¿Por qué unas rocas son tan grandes y otras tan pequeñas?

Lo hallarás en la próxima lección.

Las cosas hechas de roca pueden durar mucho tiempo. Esto pasa porque muchas clases de rocas son duras. ¿Qué cosas se hacen de roca?

REPASO

1. ¿Qué hace que unas rocas sean distintas de otras?

2. ¿Cuáles son las propiedades de una cosa?

3. Nombra algunas propiedades de las rocas.

4. **Clasifica** Imagina que recogiste muchas rocas. Pon las más grandes en una caja y las más pequeñas en otra. ¿Qué regla usaste para clasificar tus rocas?

5. **Piensa y escribe** ¿Conoces cosas antiguas y famosas hechas de roca?

¿Por qué es importante?

Las rocas grandes pueden desgastarse y hacerse pequeñas.

Vocabulario

erosión desgaste de las rocas y el suelo

meteorización rotura de las rocas

Las rocas cambian

¿Alguna vez has buscado rocas junto a un río o en la playa? ¿Eran lisas? ¿Te has fijado en los granos de arena? ¿Cómo se han hecho tan pequeños?

Hay rocas de todos los tamaños y formas. Esto pasa porque algunas cosas cambian el tamaño y la forma de las rocas.

INVESTIGA

¿Qué puede cambiar el tamaño y la forma de las rocas?

¿Qué puede hacer que una roca cambie?

En esta actividad intentarás hacer que una piedra cambie. Escribe las respuestas en tu diario.

Necesitas

- piedra pómez
- papel de lija
- frasco de plástico con tapa
- agua
- periódico
- *Diario científico*

¿Qué hacer?

1. **Observa** Frota la roca con el papel de lija.

2. **Pon** un poco de agua y rocas dentro del frasco. Tápalo bien.

3. **Predice** ¿Qué pasará con las piedras si cada uno de ustedes agita el frasco con fuerza? Hagan la prueba.

¿Qué descubriste?

1. **Explica** ¿Qué ocurrió en los pasos 1 y 3? ¿Fue correcta tu predicción en el paso 3?

2. **Infiere** ¿Qué puede cambiar las rocas?

225

¿Cómo cambia el agua a las rocas?

Hace mucho tiempo el Gran Cañón era una masa de roca sólida. ¿Cómo cambió?

El agua del río arrastró guijarros y rocas pequeñas. Éstas chocaron contra las rocas grandes del fondo del río, rompiéndolas, como hicieron las rocas del frasco en la *Actividad de exploración*. Luego, el agua arrastró los pedazos de roca. Así el río se hizo más y más profundo.

Las rocas del río se rompen cuando otras rocas las golpean. La rotura de las rocas se llama **meteorización**.

Los trozos de roca son arrastrados por el agua. El desgaste de las rocas y el suelo se llama **erosión**. La meteorización y la erosión trabajan juntas para cambiar las rocas.

MATEMÁTICAS Y CONEXIÓN

Científica Mente

¿Cuánto tardarán la meteorización y la erosión en cambiar las rocas?

¿Cómo cambia el viento a las rocas?

Acabas de ver cómo el agua cambia a las rocas. El viento también las cambia.

Como el agua, el viento arrastra pequeños granos de roca. Éstos chocan contra otras rocas más grandes. Las desgastan poco a poco. Tal como lo hizo el papel de lija en la *Actividad de exploración*. Luego el viento se lleva los trocitos de roca.

La meteorización crea tierra. La tierra está hecha también de restos de seres vivos.

¿Por qué es importante?

Juntas, la meteorización y la erosión cambian el paisaje. Crean hermosas montañas, valles y cañones de la Tierra. También forman el suelo donde crecen las plantas y se alimentan los animales.

REPASO

1. ¿Qué es la erosión?

2. Nombra dos cosas que causan la erosión.

3. ¿Qué es la meteorización?

4. Nombra dos cosas que causan la meteorización.

5. **Piensa y escribe** ¿Cómo cambia a las rocas la erosión? ¿Y la meteorización?

¿Por qué es importante?

Algunos animales encuentran en las cuevas lo necesario para vivir.

Vocabulario

guano excremento de los murciélagos

Una casa en la cueva

¿Has visto alguna vez una cueva como ésta? No es sólo un agujero en las rocas. Para muchos seres vivos es su casa.

INVESTIGA

¿Cómo se formó esta cueva?

¿Cómo se forman algunas cuevas?

En esta actividad harás un modelo para ver cómo se forman algunas cuevas. Escribe las respuestas en tu diario.

Necesitas

- cesta de plástico
- rocas
- grava
- tierra para macetas
- agua
- bandeja
- periódico
- taza graduada
- *Diario científico*

¿Qué hacer?

1. Coloca la cesta en la bandeja. Cubre el fondo de la cesta con una capa de rocas grandes y pequeñas.

2. Agrega 3 capas más: tierra, rocas y más tierra.

3. Observa Echa 2 tazas de agua en la cesta. Luego, añade 2 tazas más.

MATEMÁTICAS CONEXIÓN

▨ **¡TEN CUIDADO!** Lávate las manos.

¿Qué descubriste?

1. Observa ¿Qué pasó cuando echaste el agua? ¿Qué quedó en la cesta?

2. Identifica ¿A qué lugar rocoso se parece tu modelo?

3. Explica ¿Cómo se forman algunas cuevas?

¿Qué animales usan las cuevas?

Muchos animales visitan las cuevas. Los murciélagos y los osos duermen en ellas. Las serpientes y otros animales se refugian allí del frío o del calor. Estos animales deben salir de la cueva para buscar comida.

Otros animales viven siempre en la cueva. Allí encuentran su alimento. ¿Cómo? El excremento de los murciélagos, llamado guano, cae al suelo y sirve de alimento a los gusanos y escarabajos que viven en la cueva.

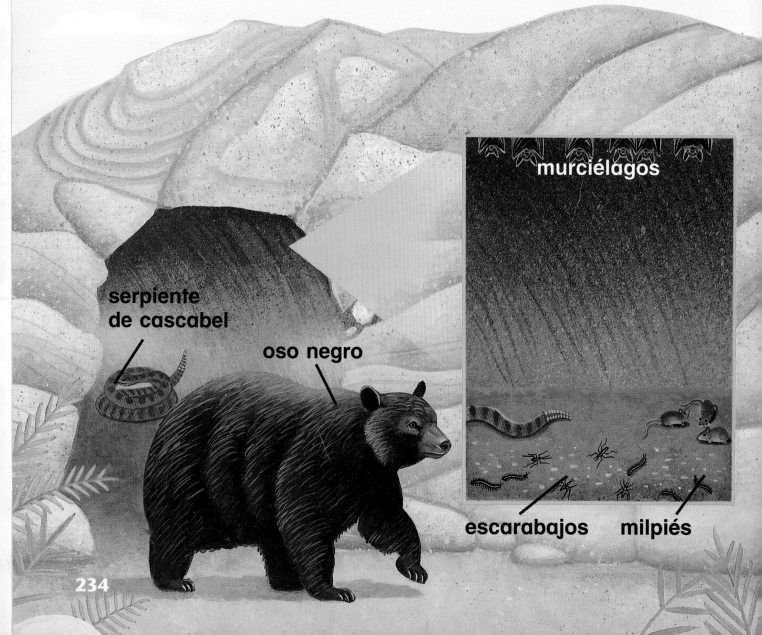

murciélagos

serpiente
de cascabel

oso negro

escarabajos   milpiés

No todas las cuevas están en las paredes de un cañón. Algunas están en lo profundo de la Tierra y otras en acantilados junto a la costa. ¿Cómo se formó esta cueva?

REPASO

1. ¿Cómo se forma una cueva en un cañón?

2. ¿Por qué las cuevas son un buen hogar para algunos animales?

3. **Piensa y escribe** Di qué animal visita las cuevas.

4. **Infiere** ¿Por qué son importantes los murciélagos para el hábitat de la cueva?

5. Dibuja una cueva en la que pueda vivir un animal. ¿Qué habrá en ella?

ARTE
CONEX ÓN

MURCIÉLAGOS BAJO EL PUENTE

De cerca

Sólo unos pocos murciélagos vivían tiempo atrás bajo un puente de Austin, Texas. Pero cuando la ciudad reparó el puente, quedaron muchos rincones oscuros debajo de él. Miles de murciélagos se alojaron entonces allí.

Algunas personas querían deshacerse de ellos porque pensaban que eran una plaga. Otras preferían que los murciélagos permanecieran.

La ciudad les permitió quedarse. Más de un millón de murciélagos viven ahora bajo el puente durante los veranos.

De noche abandonan el puente para cazar insectos que dañan los cultivos. Cada noche comen unos 13,500 kilogramos (30,000 libras) de insectos. ¡El peso aproximado de cuatro hipopótamos!

En noviembre, los murciélagos vuelan a México y se quedan allí todo el invierno. En marzo regresan al puente de Austin.

COMENTA

1. ¿Por qué algunas personas querían librarse de los murciélagos?

2. ¿Crees que la ciudad hizo bien en dejar a los murciélagos vivir bajo el puente? ¿Por qué?

Usa el vocabulario

erosión

guano

meteorización

propiedades

minerales

1. La __?__ es la rotura de las piedras. página 227

2. Algunas de las __?__ de una cosa son su aspecto, textura y olor. página 221

3. La __?__ es el desgaste de las piedras y del suelo. página 227

4. El __?__ es el excremento de los murciélagos. página 234

5. Las rocas están hechas de partes más pequeñas llamadas __?__. página 221

Usa conceptos científicos

6. Nombra algunas propiedades de las rocas. páginas 220-222

7. Nombra dos cosas que rompen las rocas. páginas 226-228

8. Nombra dos cosas que arrastran las rocas. páginas 226-228

9. ¿Qué encuentran los seres vivos en las cuevas? página 233

10. **Clasifica** Si tienes una bolsa llena de rocas, ¿cómo las agruparías? páginas 220-221

CAJA de SOLUCIONES

¡A la playa! Esparce un poco de arena sobre un papel. Observa sus granos. ¿Cómo se formaron? ¿Puedes hacer arena? ¿Cómo?

Usa el vocabulario

cañón   erosión   hábitat   predador   presa   meteorización

1. El lugar donde vive un animal es su __?__.

2. El halcón es un __?__ porque caza otros animales para alimentarse.

3. Un animal que tiene los ojos a los lados de la cabeza es probablemente una __?__.

4. Un __?__ es un lugar muy profundo entre paredes empinadas.

5. El Gran Cañón del Colorado se formó por __?__ y por __?__.

Usa conceptos científicos

6. Nombra un predador y su presa.

7. ¿Puede una cría de puma convertirse en carnero de las Rocosas al crecer?

8. Explica cómo las rocas pueden hacerse lisas.

9. ¿Por qué algunos escarabajos viven en cuevas?

10. **Clasifica** ¿Cómo clasificarías un ratón, una lechuza, un pato y un león?

Escribe en tu diario

Describe este lugar.

CAJA de SOLUCIONES

Crea un animal

Dibuja un animal. Usa las partes del cuerpo del cuadro. Inventa otras partes. ¿Qué come tu animal? ¿Cuál es su hábitat? ¿Es un predador o una presa?

dientes afilados

ojos que ven bien

orejas que oyen bien

patas largas

patas cortas

caparazón duro

vuela

piel dura

grande

venenoso

se oculta o se disfraza

Las capas de un cañón

En las paredes de un cañón se ven distintas capas de materiales. Haz un modelo de estas capas. Vierte arena de colores, arcilla, grava y tierra en un frasco de vidrio. ¿Cuáles son las capas más antiguas?

EL CUERPO HUMANO: CORAZÓN Y PULMONES

CAPÍTULO 11

CORAZÓN Y PULMONES

¿Por qué es importante?

Tu corazón trabaja sin descanso para bombear sangre a todo tu cuerpo.

Vocabulario

corazón músculo que no deja de trabajar

vasos sanguíneos conductos por donde circula la sangre

pulso latido de algunos vasos sanguíneos

sangre líquido que contiene nutrientes, oxígeno y otros elementos

Tu corazón en marcha

¿Alguna vez subiste de prisa las escaleras? ¿Saltaste mucho tiempo a la cuerda? ¿Corriste muy rápido? ¿Cómo te sentiste cuando paraste? ¿Estabas cansado?

INVESTIGA

¿Latía con fuerza algo en tu pecho? ¿Qué era?

¿Puedes oír un corazón cuando trabaja?

¿Late el corazón siempre de la misma manera? Descúbrelo. Escribe las respuestas en tu diario.

Necesitas

- **tubo de cartón**
- *Diario científico*

¿Qué hacer?

1. Pon el tubo de cartón sobre el pecho de tu compañero o compañera.

2. **Observa** Anota lo que oyes en el diario.

3. Ahora pídele que salte 10 veces.

4. **Observa** Vuelve a escuchar con el tubo. Anota lo que oyes. Intercambien sus papeles y repitan la actividad.

¿Qué descubriste?

1. **Comunica** ¿Qué oíste antes de que él o ella saltara?

2. **Compara** ¿Cómo cambió el sonido después de que saltara?

¿Cómo trabaja tu corazón?

En la *Actividad de exploración* viste que el corazón de una persona puede latir de manera lenta o rápida. El corazón es un músculo que no deja de trabajar. Ningún otro músculo de tu cuerpo trabaja tanto. Tu corazón late incluso cuando duermes.

El tamaño de tu corazón es como el de tu puño. Dentro hay espacios para que entre la sangre.

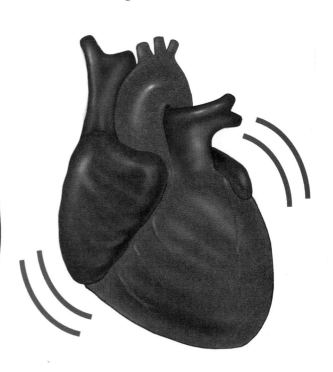

NATIONAL
GEOGRAPHIC

CURIOSA
MENTE

El corazón de un braquiosaurio pesaba unos 900 kg, tanto como 40 niños de 7 años. Este corazón bombeaba sangre hasta unos 6 metros de altura para que llegara al cerebro. ¿Qué animales de hoy tienen corazones grandes?

Cada vez que tu corazón late, empuja la sangre que hay en él para que pase a los vasos sanguíneos. Los vasos sanguíneos son conductos por donde circula la sangre desde el corazón a todas las partes del cuerpo, y luego de nuevo al corazón.

Algunos vasos sanguíneos laten cuando lo hace tu corazón. Este latido de algunos vasos sanguíneos se llama pulso. El pulso te indica los latidos de tu corazón. Puedes sentir el pulso en la muñeca.

tomarse el pulso

245

¿Qué nos dice una tabla?

El ser humano no es el único que tiene pulso. Esta tabla muestra cuántas veces late por minuto el corazón de algunos animales.

Las palabras, los dibujos y las fotos comunican ideas a la gente. Las tablas y las gráficas también comunican ideas de un modo fácil de entender.

¿Qué animal de la tabla tiene más latidos por minuto? ¿Cuál tiene menos? ¿Qué más te dice esta tabla?

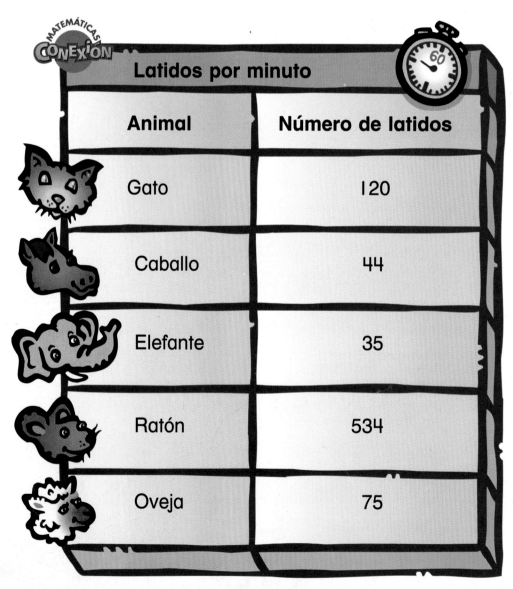

Latidos por minuto

Animal	Número de latidos
Gato	120
Caballo	44
Elefante	35
Ratón	534
Oveja	75

Comunicar

En esta actividad tienes que hallar tu pulso y mostrar en una tabla los latidos por minuto.

Necesitas

- calculadora (opcional)
- Diario científico

¿Qué hacer?

1. **Usa los números** Cuenta tus latidos durante 30 segundos. Tu maestro o maestra te dirá cómo hacerlo y cuándo debes parar de contar. Anota el número en tu diario.

2. **Usa los números** Halla el doble de ese número. Puedes usar una calculadora. Ése es el número de latidos de tu corazón por minuto.

3. **Comunica** Muestra en una tabla los números de latidos de los miembros de tu grupo.

¿Qué descubriste?

1. **Compara** ¿Todos tenían el mismo pulso?

2. **Predice** ¿Cuál será el número de latidos de los otros grupos? Averígualo.

¿Por qué es importante la sangre?

La **sangre** llena los vasos sanguíneos. La sangre es un líquido que contiene nutrientes, oxígeno y otros elementos. Los nutrientes son las partes del alimento que tu cuerpo usa para obtener energía y crecer. El oxígeno es uno de los gases del aire.

La sangre lleva los nutrientes y el oxígeno a todo el cuerpo. Sin nutrientes y sin oxígeno tu cuerpo no trabaja. Cuanto más trabaja tu cuerpo, más oxígeno y nutrientes necesita.

¿Qué partes de la sangre muestra el dibujo?

nutrientes

portadores de oxígeno

antigérmenes

líquido

antihemorrágicos

Una manera de cuidar tu corazón es con exámenes médicos. Una doctora o un enfermero escucha los latidos de tu corazón y comprueba si trabaja correctamente.

REPASO

1. ¿Qué hace tu corazón?

2. ¿Qué es un vaso sanguíneo?

3. ¿De qué te informa tu pulso?

4. **Comunica** ¿Qué información muestra el dibujo de la página 248?

5. **Piensa y escribe** ¿Cómo puedes cuidar tu corazón?

¿Qué pasa cuando expulsas aire?

Cuando tomas aire, tus pulmones toman el oxígeno del aire. Cuando expulsas aire, tus pulmones sueltan dióxido de carbono. El dióxido de carbono es el gas que se expulsa al respirar.

¿Cómo hace esto tu cuerpo? En primer lugar, los músculos de la respiración se relajan. La imagen muestra qué pasa cuando lo hacen.

¿Viste en la *Actividad de exploración* cómo tu pecho se hacía más pequeño?

1 **Las costillas bajan y se mueven hacia adentro.**

2 **El pecho y los pulmones se reducen.**

3 **El diafragma sube. El aire sale de los pulmones.**

Tus pulmones no pueden tomar aire por
sí mismos. Necesitan la fuerza de un músculo.
El diafragma es el músculo principal que se
usa al respirar. Está debajo de tus pulmones.
Los músculos que están entre las costillas del
pecho también te ayudan a respirar. Cuando
tomas aire, los músculos de la respiración
se tensan. Esta imagen te muestra
lo que ocurre cuando lo hacen.

¿Viste en la *Actividad
de exploración* cómo se ensanchó
tu pecho?

1 **Las costillas
se mueven
hacia arriba
y hacia los
lados.**

2 **El pecho
y los pulmones
se ensanchan.**

músculos

3 **El diafragma baja
y se aplana.
El aire entra
en los pulmones.**

diafragma

253

¿Qué pasa cuando expulsas aire?

Cuando tomas aire, tus pulmones toman el oxígeno del aire. Cuando expulsas aire, tus pulmones sueltan dióxido de carbono. El dióxido de carbono es el gas que se expulsa al respirar.

¿Cómo hace esto tu cuerpo? En primer lugar, los músculos de la respiración se relajan. La imagen muestra qué pasa cuando lo hacen.

¿Viste en la *Actividad de exploración* cómo tu pecho se hacía más pequeño?

1 Las costillas bajan y se mueven hacia adentro.

2 El pecho y los pulmones se reducen.

3 El diafragma sube. El aire sale de los pulmones.

Tus pulmones son muy importantes para ti. Llevan oxígeno a tu cuerpo y expulsan el dióxido de carbono. Si tienes demasiado dióxido de carbono en tu cuerpo puedes enfermarte.

REPASO

1. ¿Qué gas necesita tu cuerpo para vivir?

2. ¿Cómo toma tu cuerpo este gas?

3. ¿Qué es el diafragma?

4. **Comunica** Haz un dibujo que muestre cómo llega el aire a tus pulmones.

5. **Piensa y escribe** ¿Puedes olvidarte de respirar? Explica tu respuesta.

Vivir con Asma

¿**Q**ué pasa si de pronto te es difícil respirar? Eso le ocurre a una persona con asma.

Este niño tiene asma. Cuando comienza un ataque de asma nota una opresión en el pecho. También tose mucho.

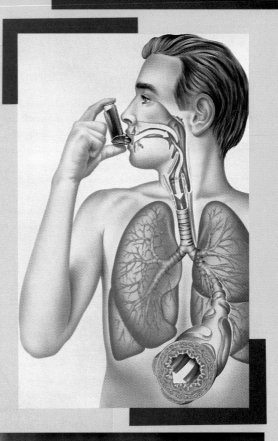

Un ataque de asma ocurre cuando se estrechan los tubos que llevan aire a los pulmones. El estrechamiento dificulta la respiración de la persona. Hay medicinas que ayudan a abrir esos tubos.

Muchas personas con asma son alérgicas al polvo y a otras cosas. Esas sustancias pueden provocarles un ataque de asma.

El asma no desaparece, pero quienes lo padecen pueden mantenerse activos gracias a los medicamentos.

Tom Dolan tiene asma y ganó una medalla de oro en los Juegos Olímpicos.

Comenta

1 ¿Por qué es difícil respirar durante un ataque de asma?

2 ¿Pueden practicar deportes las personas con asma?

Usa el vocabulario

corazón
diafragma
dióxido de carbono
pulmones
pulso
sangre

1. El ___?___ es un músculo del tamaño del puño. página 244

2. Puedes sentir el ___?___ en tu muñeca. página 245

3. La ___?___ llena los vasos sanguíneos. página 248

4. Respiras con los ___?___. página 252

5. El ___?___ es el músculo principal de la respiración. página 253

6. Al echar el aire expulsas ___?___. página 254

Usa conceptos científicos

7. ¿Por qué es importante el corazón? páginas 244-245

8. ¿Por qué es importante la sangre? página 248

9. ¿Son importantes los pulmones? páginas 252-255

10. **Comunica** ¿Qué te indica esta gráfica?

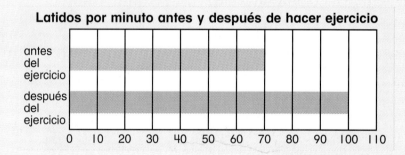

Latidos por minuto antes y después de hacer ejercicio

antes del ejercicio
después del ejercicio

0 10 20 30 40 50 60 70 80 90 100 110

CAJA de SOLUCIONES

Con buen pulso ¿Cambian las emociones la velocidad de tu pulso? Cuando te sientas emocionado o emocionada, tómate el pulso. Compáralo con tu pulso cuando estés tranquilo o tranquila.

CAPÍTULO 12
TU CORAZÓN Y TUS PULMONES TRABAJAN JUNTOS

Tema
EL CUERPO HUMANO
3

¿Por qué es importante?

El corazón y los pulmones trabajan juntos como un equipo.

Trabajo en equipo

La carrera se acabó. ¡Ganaste! Pero, al correr tan rápido, te quedaste sin aliento. Sientes que el corazón te late con fuerza.

INVESTIGA

¿Por qué tu corazón y tus pulmones trabajan tanto al mismo tiempo?

Sin parar

Descubre cómo circula la sangre por tu cuerpo. Escribe las respuestas en tu diario.

¿Qué hacer?

1. Dos niños serán las "bombas de sangre". Otro niño o niña será un "músculo" y otro los "pulmones".

2. Los niños que lleven los cuadrados de colores serán la "sangre".

3. Jueguen al aire libre. Su maestro o maestra les dirá cómo jugar.

¿Qué descubriste?

1. **Infiere** ¿Qué parte de tu cuerpo hace el trabajo de las 2 bombas de sangre?

2. **Explica** ¿Cómo circula la sangre por tu cuerpo?

Necesitas

- **50 cuadrados de papel rojo**
- **50 cuadrados de papel morado**
- **2 hojas de papel**
- **papel rojo**
- **papel morado**
- **cinta adhesiva**
- *Diario científico*

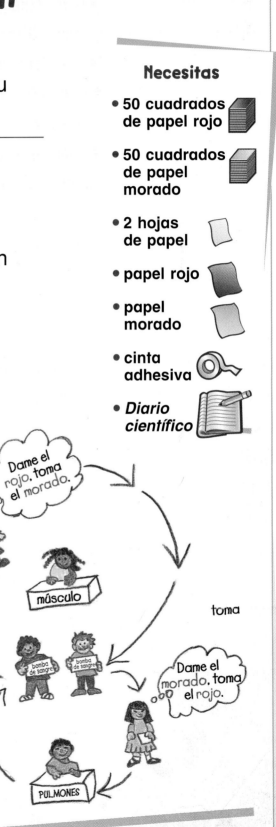

¿Una o dos bombas?

En la *Actividad de exploración* viste cómo trabaja una bomba de sangre. El corazón es una bomba de sangre. Pero no sólo es una bomba. En realidad, está formado por dos bombas. Busca el color morado en la foto. Es la sangre que viene de todas las partes del cuerpo. Va camino de los pulmones. ¿Por qué va la sangre a los pulmones? La sangre necesita recoger oxígeno fresco de los pulmones. También necesita soltar el dióxido de carbono.

Ahora busca el color rojo brillante en la foto. Es la sangre con oxígeno que viene de los pulmones. Vuelve al corazón para ser repartida por todo el cuerpo. Cada vez que el corazón late, sus dos partes empujan la sangre. La sangre de una parte recoge oxígeno fresco. La sangre de la otra parte lo lleva por el cuerpo.

pulmones

corazón

¿Cómo trabajan juntos el corazón y los pulmones?

¿Qué pasa cuando corres en una carrera? Los músculos de tus piernas hacen mucho esfuerzo. Cuanto más rápido corres, más deben trabajar los músculos y más oxígeno necesitan. También deben eliminar más dióxido de carbono. Los pulmones toman y expulsan aire con más fuerza para soltar el dióxido de carbono y tomar más oxígeno. El corazón bombea la sangre más de prisa hacia los pulmones y los músculos.

Científica Mente

¿Qué les pasa a tu corazón y a tus pulmones un rato después de acabar la carrera?

Puedes ver cómo tu corazón y tus pulmones trabajan en equipo. Hagas lo que hagas, siempre trabajan juntos para mantenerte con vida. ¿Puedes seguir en esta foto el camino de la sangre desde el corazón hasta los pulmones y los músculos de la pierna?

pulmones

corazón

vaso sanguíneo

músculo

265

¿Cómo mantienes sanos tu corazón y tus pulmones?

Ayuda a tu corazón y tus pulmones a mantenerse en forma. ¿Cómo? Haciendo ejercicio, por ejemplo, flexiones. El ejercicio hace más fuerte tu corazón y tus pulmones.

Necesitas descansar y dormir. Tu corazón y tus pulmones necesitan ir más despacio unas horas al día para no cansarse. También debes comer frutas y vegetales.

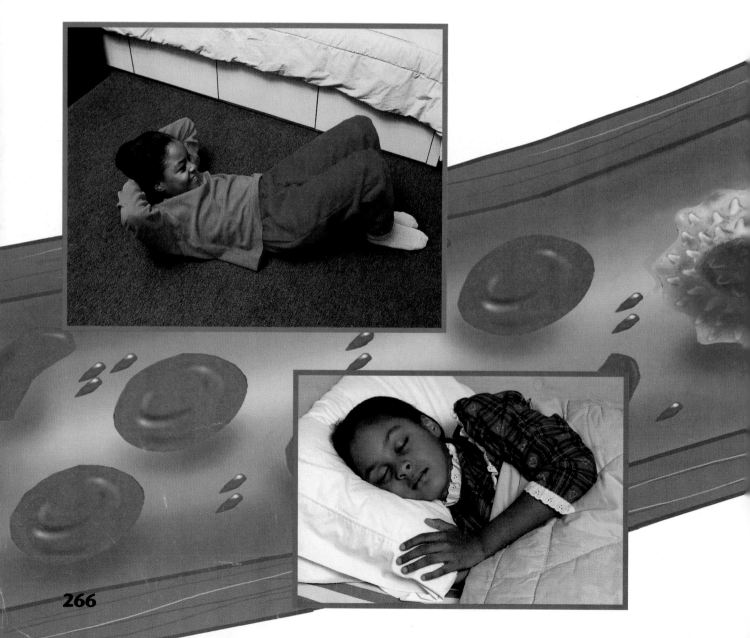

No puedes vivir sin el corazón ni los pulmones. Por eso tienes que cuidarlos.

REPASO

1. ¿Qué hace la sangre en los pulmones?

2. ¿Por qué el corazón y los pulmones trabajan juntos?

3. **Piensa y escribe** Nombra algunas cosas que puedes hacer para cuidar tu corazón y tus pulmones.

4. **Infiere** ¿Qué cosas podrían dañar tu corazón y tus pulmones?

5. Haz un dibujo de tu corazón y de tus pulmones.

ARTE
CONEXIÓN

Seguridad en bicicleta

¿Cómo puedes fortalecer tu corazón y tus pulmones? Haciendo ejercicio. Montar en bicicleta es un buen ejercicio. Pero conviene que cumplas estas normas de seguridad.

1. Elige una bicicleta a tu medida.

2. Revisa el equipo de seguridad.

3. Ponte un casco protector.

4. Átate bien los cordones de los zapatos para que no se enganchen en la cadena.

5. Ve siempre por la derecha. No te alejes de la acera.

6. Respeta las señales de tráfico y los semáforos.

7. Antes de cruzar una calle mira a la izquierda, después a la derecha y otra vez a la izquierda. Lleva la bicicleta a pie si hay mucho tránsito.

8. Haz señales con la mano para girar o detenerte.

9. Para detenerte, aprieta los frenos delanteros y traseros con la misma fuerza. Así no saldrás despedido.

10. Frena lentamente sobre grava o pisos mojados.

COMENTA

1. ¿Por qué montar en bicicleta ayuda a tu salud?

2. ¿Por qué debes indicar con la mano que vas a dar la vuelta?

3. Garret Morgan, un afroamericano, inventó las luces de tráfico. ¿De qué manera ayudan estas luces a nuestra seguridad?

269

Usa el vocabulario

Une con una línea el principio y el final de cada oración.

1. Cuanto más corres

a. oxígeno para trabajar.

2. Los músculos necesitan

b. mantiene tu corazón sano.

3. Cuando expulsas aire

c. trabajan juntos como un equipo.

4. Comer frutas y vegetales

d. sueltas dióxido de carbono.

5. El corazón y los pulmones

e. más trabajan tus músculos.

Usa conceptos científicos

Escribe verdadero o falso para las oraciones 6-9.

6. El corazón y los pulmones están trabajando siempre.

7. Descansar no es importante para el corazón y los pulmones.

8. La actividad física hace más fuertes al corazón y los pulmones.

9. La sangre suelta el oxígeno en los pulmones.

10. **Infiere** ¿Qué gas hay dentro del tanque de este bombero?

CAJA de SOLUCIONES

MATEMÁTICAS CONEXIÓN

Llénalo Respira hondo. Infla un globo con todo el aire de tus pulmones. Mide el globo. Hazlo de nuevo, pero esta vez sin respirar hondo. ¿Qué observas?

Usa el vocabulario

vasos sanguíneos	dióxido de carbono
corazón pulmones	pulso

1. El __?__ es el músculo que empuja la sangre.

2. Puedes sentir el __?__ en tu muñeca.

3. La sangre circula por conductos llamados __?__.

4. Los __?__ toman el oxígeno del aire.

5. El __?__ es el gas que se expulsa al respirar.

Aplica conceptos y destrezas

6. ¿Por qué es importante el oxígeno para ti?

7. ¿Cuándo se ensanchan tus pulmones?

8. ¿Qué hace tu diafragma?

9. ¿Qué recoge la sangre en los pulmones?

10. **Comunica**
    ¿Qué te indica esta gráfica?

    MATEMÁTICAS CONEXIÓN

Estudiantes de la clase de la Sra. Ruiz

niños

niñas

0   5   10   15   20

Escribe en tu diario

Haz un dibujo de tu corazón y tus pulmones. Descríbelos.

CAJA de SOLUCIONES

Botella de aire

¿Cómo respiras? Descúbrelo con una botella de plástico. ¿Qué le ocurre al aire de la botella cuando la aprietas? ¿Y cuando la sueltas? Tus pulmones trabajan como la botella. ¿Cómo crees que trabaja el diafragma?

se reduce   se ensancha

pulmones

músculo

Vigila tu salud

¿Qué haces para que tu corazón y tus pulmones estén sanos? Observa tres cosas clave durante unos días: (1) la cantidad de frutas y vegetales que comes, (2) la cantidad de horas que duermes y (3) las actividades físicas que haces. Muéstralo en una tabla.

MATEMÁTICAS CONEXIÓN

Día	Frutas y vegetales	Sueño	Hacer ejercicio
Lunes	manzana, plátano, ensalada	9 horas	fútbol-1h bicicleta-30 min
Martes			
Miércoles			
Jueves			

Sección de Referencia

TP Ilustradores

Ciclos de vida

Transparencias ilustradas que representan el ciclo de vida de dos animales.

R1 Manual

Lecciones sobre seguridad y medición.

R22 Glosario/Índice

Significado de las palabras del vocabulario de este libro y el número de página que indica dónde encontrar cada palabra.

ILUSTRADORES

Ciclos de vida

Todos los seres vivos tienen un ciclo de vida. Un ciclo de vida es la manera en que un ser vivo crece y cambia. ¿Tienen todos los seres vivos el mismo ciclo de vida?

BASE

Mira la página siguiente. Verás dos ciclos de vida. ¿En qué se diferencian? Levanta las hojas transparentes (1, 2, 3). Se llaman transparencias. La página final es la página base. Mira la base.
¿Qué puedes ver en la base?

TRANSPARENCIA 1

Pon la primera transparencia sobre la página base.
¿Qué pasó en cada ciclo de vida?

TRANSPARENCIA 2

Baja la segunda transparencia. **¿Cuál de los ciclos de vida se completó? ¿Cuál todavía no?**

TRANSPARENCIA 3

Baja la tercera transparencia. **¿Qué ciclo de vida cambió? ¿Cómo cambió?**

RESUME

¿En qué se parecen los dos ciclos de vida? ¿En qué se diferencian?

recién nacido

huevo

ILUSTRADORES
Actividades

1 Representa

¿Cómo puedes representar el ciclo de vida de una mariposa? ¿Cómo podrías mostrar cada parte? Usa tus manos. Usa tus piernas. Usa cosas como toallas o sábanas si quieres.

2 Escribe

Ya aprendiste acerca de dos ciclos de vida. ¿Cuál es el ciclo de vida de las personas? ¿Por qué?
Escribe tu respuesta.

SECCIÓN DE REFERENCIA

¡Fuera de peligro!

Debemos estar a salvo de los peligros.

Recuerda estos consejos.

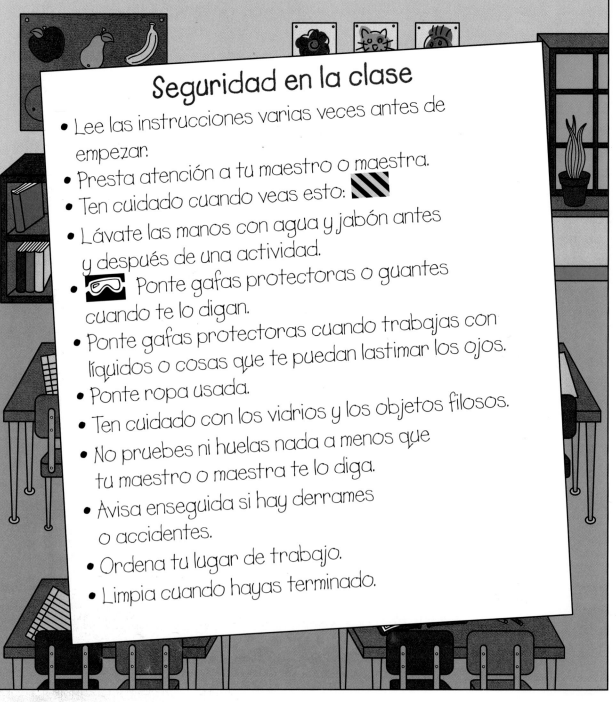

Seguridad en la clase

- Lee las instrucciones varias veces antes de empezar.
- Presta atención a tu maestro o maestra.
- Ten cuidado cuando veas esto: ▨
- Lávate las manos con agua y jabón antes y después de una actividad.
- ▨ Ponte gafas protectoras o guantes cuando te lo digan.
- Ponte gafas protectoras cuando trabajas con líquidos o cosas que te puedan lastimar los ojos.
- Ponte ropa usada.
- Ten cuidado con los vidrios y los objetos filosos.
- No pruebes ni huelas nada a menos que tu maestro o maestra te lo diga.
- Avisa enseguida si hay derrames o accidentes.
- Ordena tu lugar de trabajo.
- Limpia cuando hayas terminado.

MANUAL

Seguridad fuera de la clase

- Presta atención a tu maestro o maestra.
- No te alejes de tu grupo.
- No pruebes ni huelas nada a menos que tu maestro o maestra te lo diga.
- No toques las plantas ni los animales a menos que tu maestro o maestra te lo diga.
- Vuelve a poner los seres vivos donde los encontraste.
- Si hay un accidente, avisa enseguida.

Ahorra y recicla

No debemos malgastar las cosas.

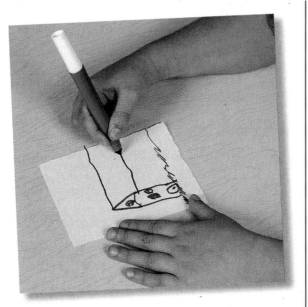

No uses más de lo que necesitas.

No dejes la llave abierta.

Usa las cosas varias veces.

PAPEL PARA RECICLAR

Recicla todo lo que puedas.

Limpia

Debemos limpiar los lugares de trabajo.

Pide a un adulto que recoja los cristales rotos.

Vierte el agua en un fregadero, no en la basura.

No manches tu ropa. Usa un delantal.

Guarda la comida en bolsas de plástico. Así la protegerás.

R5

Cuida las plantas

Haz estas cosas para cuidar las plantas.

- Procura que tengan agua y luz.
- Habla con tu maestro o maestra antes de tocarlas o comerlas. Algunas plantas podrían enfermarte.
- No las arranques ni les cortes las flores. Déjalas crecer donde están.

Cuida los animales

Haz estas cosas para cuidar los animales.

- Dales comida y agua. Búscales un lugar seguro donde vivir.
- Sé amable con ellos. Trátalos con cariño.
- Mira a los animales salvajes, pero no los toques. Pueden morder, picar o arañar.
- No dañes los sitios donde viven los animales.

 # Mide así

Para medir el largo puedes usar muchas cosas.

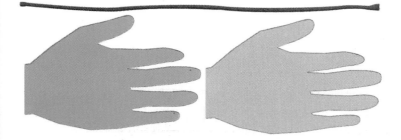

Esta cuerda mide unos 8 sujetapapeles de largo.

Esta cuerda mide unos 3 lápices de largo.

Esta cuerda mide unas 2 manos de largo.

Inténtalo

1. **Mide una cuerda. Explica luego cómo lo hiciste.**
2. **¿Puedes medir una cuerda con estos sujetapapeles? ¿Por qué?**

Unidades de medida

La gente no acostumbra a medir con sujetapapeles.

La gente usa centímetros (cm) o metros (m).

Usa unidades de medida.

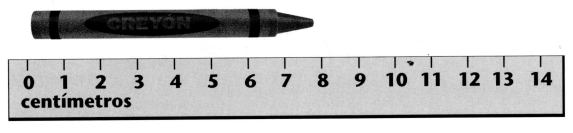

El creyón mide unos ocho centímetros de largo.

Lo anotamos así: 8 cm.

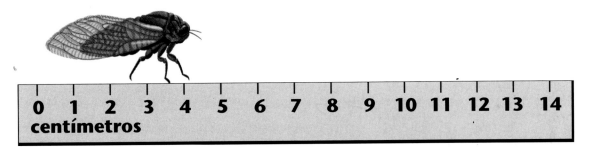

El insecto mide unos 4 centímetros de largo.

Lo anotamos así: 4 cm.

Inténtalo

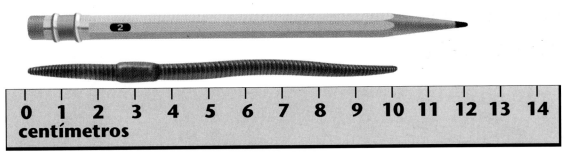

1. ¿Qué largo tiene el lápiz?

2. ¿Qué largo tiene el gusano?

R9

Usa una regla

| 0 | 1 | 2 | 3 | 4 | 5 | 6 | 7 | 8 | 9 | 10 | 11 | 12 | 13 | 14 |

centímetros

Para medir esta hoja puedes usar una regla.

Coloca una punta de la hoja sobre el 0 de la regla.

La hoja mide unos 11 centímetros (11 cm).

Inténtalo

Busca estos objetos.

Estima su largo.

Mídelos con una regla.

	Estimación	Medida
? (lápiz)	unos _?_ cm	unos _?_ cm
? (libro)	unos _?_ cm	unos _?_ cm
? (calculadora)	unos _?_ cm	unos _?_ cm

Usa una vara métrica

La vara métrica tiene 1 metro
(o 100 centímetros) de largo.
Este perro mide casi 1 metro
de alto.

La vara métrica sirve para medir
objetos largos o altos.
Se usa igual que la regla.

Inténtalo

Estima el alto o el largo de estas cosas.
Mídelas con una vara métrica.

	Estimación	Medida
?	unos _?_ m	unos _?_ m
?	unos _?_ m	unos _?_ m
?	unos _?_ m	unos _?_ m

Usa un termómetro

El termómetro mide la temperatura.
Cuando hace más calor, el líquido
del termómetro sube.
Cuando hace más frío, el líquido baja.
¿Qué termómetro marca la temperatura
más alta? ¿Cómo lo sabes?

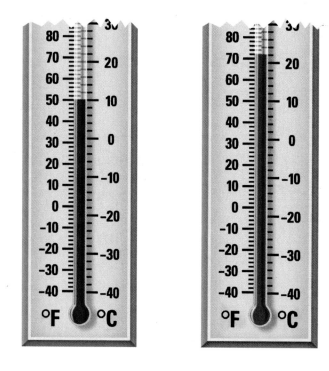

Los termómetros tienen marcas con números.

Este termómetro indica los grados Fahrenheit y los grados Celsius.

Tiene una marca cada 2 grados.

Lee esta temperatura en grados Celsius.

Busca el final del líquido y lee el número que hay justo debajo.

Es el 20.

Cuenta desde 20. Suma 2 grados por cada marca: 22, 24, 26.

El termómetro indica 26 grados Celsius (26 °C).

Inténtalo

¿Qué temperaturas aparecen en la página R12?

Usa una taza graduada

El volumen es la cantidad de espacio que ocupa una cosa. La taza graduada sirve para hallar volúmenes.

En esta taza hay 200 mililitros (200 ml) de agua.

250 ml

175 ml

100 ml

25 ml

Inténtalo

1. Consigue 3 recipientes pequeños.

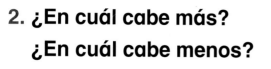

2. ¿En cuál cabe más?
   ¿En cuál cabe menos?

3. Llena cada uno con agua.
   Vierte el agua en la taza graduada
   para hallar los volúmenes.

Usa una balanza

Con la balanza se comparan masas.

Primero debes estar seguro de que la aguja señala la línea.

Pon un objeto en cada cubeta. El objeto con más masa hace bajar más su lado de la balanza. Entonces el objeto que tiene menos masa sube.

Inténtalo

1. Pon 2 objetos en una balanza.

2. ¿Cuál tiene más masa?

Inténtalo

1. Ordena 3 objetos comenzando por los que tienen menos masa.

2. Usa la balanza para comprobar la masa.

Usa un reloj

El reloj mide el tiempo.

Cada marca indica 1 minuto.

Entre dos números hay
5 minutos.

Una hora tiene 60 minutos.

horario   minutero

Es la una y 30 minutos.
1:30

Son las 9 y 5 minutos.
9:05

Inténtalo

¿Cuánto tardarías en escribir tu
nombre 5 veces? Inténtalo y pide a
un amigo o amiga que mida el tiempo.

R16

Usa una lupa

La lupa hace que los objetos parezcan más grandes.

Úsala de esta manera:

Paso 1: Aleja la lupa del objeto hasta que veas el objeto borroso.

Paso 2: Acerca la lupa hasta que veas bien el objeto.

Paso 1   Paso 2

Inténtalo

1. Observa cada animal con una lupa.

araña

mosca

2. ¿Cuántas patas tiene la araña?

3. ¿Qué más ves?

Usa una computadora

La computadora es una herramienta que da información.

Puedes usar el Internet para conectar tu computadora con otras que están lejos.

Niños en línea

Noticias · Películas de TV · Deportes · Niños en línea · Juegos · Clubes · Genio de las tareas · Arte

También puedes usar un CD-ROM.

Es un disco con muchísima información.

¡En un CD-ROM caben montones de libros!

Inténtalo

1. Usa el Internet. Averigua si hace mucho calor donde vives.

2. Usa el Internet. Averigua si hace mucho calor en otro sitio.

Anota y compara

En las tablas se anota información.
Luego puedes usar esa información.

Esta tabla contiene información sobre las
hojas que han encontrado unos niños.

Nombre	Hojas de borde liso	Hojas de borde dentado
Marcos	4	6
Kim	5	5
Marta	3	7

Inténtalo

1. ¿Cuántos niños buscaron hojas?
2. ¿Qué tipos de hoja encontraron?
3. ¿Cuántas hojas encontró Marta?

Observa las partes

Las partes de una máquina trabajan juntas.

Inténtalo

Nombra las partes de cada máquina.

Las partes trabajan juntas

Una máquina necesita todas sus partes para funcionar.

¿Qué partes faltan aquí?

GLOSARIO

A

atraer jalar *(página 178)*

> **Un imán puede** atraer **cosas de hierro.**

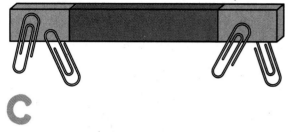

C

cadena alimentaria
paso de la energía de los alimentos de unos seres vivos a otros *(página 74)*

calor energía capaz de cambiar una cosa *(página 100)*

> **El** calor **cambia la vela.**

campo magnético
espacio alrededor de un imán donde su fuerza atrae o repele *(página 186)*

cañón lugar muy profundo entre paredes empinadas *(página 196)*

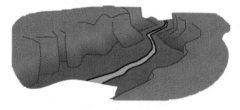

ciclo del agua movimiento constante del agua entre la Tierra y el cielo *(página 30)*

ciclo vital proceso de crecimiento que se repite en cada ser vivo *(página 8)*

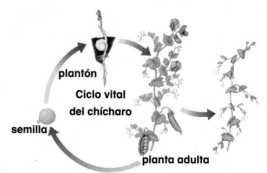

plantón

Ciclo vital del chícharo

semilla

planta adulta

clasificar hacer grupos con cosas parecidas *(página 198)*

Puedes clasificar botones por su color.

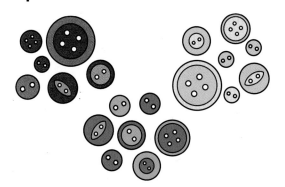

combustible material que despide calor cuando se quema *(página 104)*

La madera es un combustible.

condensarse convertirse un gas nuevamente en líquido *(página 29)*

El agua se condensa en el vaso.

constelación conjunto de estrellas *(página 124)*

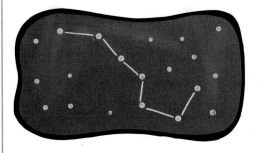

conservar ahorrar *(página 41)*

El niño conserva agua cerrando la llave.

contaminar ensuciar *(página 42)*

Algunas personas contaminan la Tierra y el agua.

corazón músculo que no deja de trabajar *(página 244)*

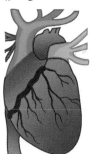

crisálida estado de la mariposa antes de hacerse adulta *(página 212)*

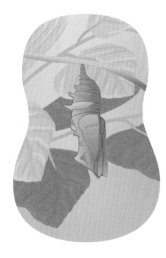

D

diafragma músculo principal que se usa al respirar *(página 253)*

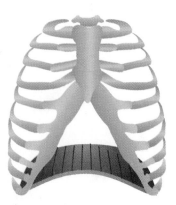

dióxido de carbono gas que se expulsa al respirar *(página 254)*

E

en peligro de extinción seres vivos a punto de desaparecer de la Tierra *(página 90)*

El manatí está en peligro de extinción.

extinguirse desaparecer de la Tierra *(página 83)*

era período muy largo de tiempo *(página 82)*

era cenozoica Edad de los mamíferos *(página 84)*

era mesozoica Edad de los reptiles *(página 84)*

era paleozoica época de donde vienen los fósiles más antiguos de plantas y animales *(página 83)*

erosión desgaste de las rocas y el suelo *(página 227)*

esqueleto estructura que forman los huesos del cuerpo *(página 66)*

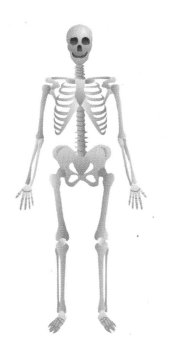

evaporarse convertirse un líquido en gas en el aire *(página 28)*

El agua de este charco se evapora.

extinguirse desaparecer de la Tierra *(página 83)*

Los dinosaurios se extinguieron.

fases de la Luna diferentes figuras de la Luna *(página 126)*

fósil resto de animales y plantas que vivieron hace mucho tiempo *(página 53)*

fricción fuerza causada por el roce de una cosa contra otra *(página 158)*

La fricción calienta sus manos.

fruto parte de la planta que contiene las semillas *(página 13)*

fuerza un empujón o un jalón *(página 148)*

Se necesita fuerza para mover la caja.

fulcro punto donde se apoya la barra de una palanca *(página 162)*

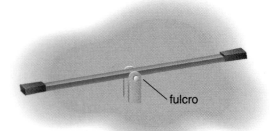

fulcro

G

gravedad fuerza que jala las cosas hacia la Tierra *(página 149)*

> **La gravedad jala a la niña para que baje.**

guano excremento de los murciélagos *(página 234)*

H

hábitat lugar donde vive una planta o un animal *(página 200)*

hojas parte de la planta que crece del tallo *(página 5)*

huella tipo de impresión *(página 52)*

> **En el suelo hay huellas de alguien que corría.**

I

impresión marca que deja un objeto sobre una superficie *(página 52)*

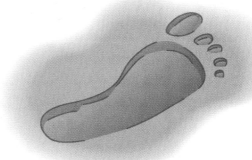

inferir usar lo que se sabe para descubrir algo *(página 54)*

GLOSARIO

L

luz una forma de energía *(página 118)*

> **Recibimos la luz del sol.**

M

máquina simple aparato que cambia la dirección y la cantidad de una fuerza *(página 162)*

> **Una rampa es una máquina simple.**

medir hallar el tamaño o la cantidad de algo *(página 102)*

> **Un sujetapapeles mide alrededor de 5 centímetros.**

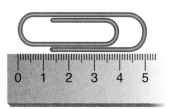

meteorización rotura de las rocas *(página 227)*

mineral sólido hallado en la naturaleza que no es ni planta ni animal *(página 221)*

O

observar usar los sentidos para comprender algo *(página 6)*

P

paleontólogo persona que estudia la vida en el pasado *(página 66)*

palanca máquina simple que cambia la fuerza necesaria para levantar cosas *(página 162)*

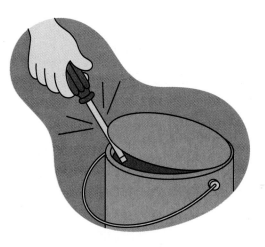

polos puntos donde un imán atrae con más fuerza *(página 179)*

> **Un imán tiene dos polos.**

S   N

predador animal que caza otros animales para alimentarse *(página 206)*

El puma es un predador.

presa animal cazado *(página 206)*

El carnero es una presa.

propiedad aspecto, textura, olor, sabor o sonido de una cosa *(página 221)*

pulmones partes del cuerpo que toman el oxígeno del aire *(página 252)*

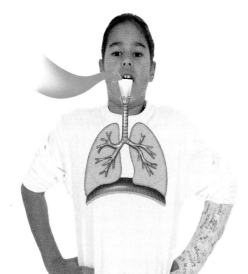

pulso latido de algunos vasos sanguíneos *(página 245)*

Siente los latidos de tu pulso.

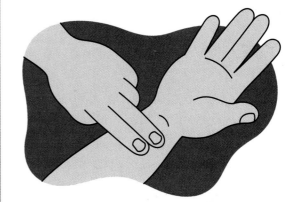

R

raíz parte de la planta que crece bajo tierra *(página 4)*

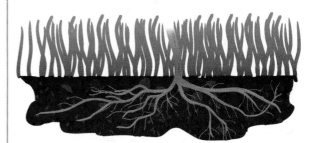

rampa máquina simple con una superficie inclinada *(página 169)*

recursos naturales cosas útiles que nos da la Tierra *(página 40)*

> **El agua, el aire y el suelo son recursos naturales.**

reflejar rebotar *(página 120)*

> **Un espejo refleja la luz.**

refugio lugar donde los animales pueden estar a salvo de sus enemigos *(página 69)*

repeler alejar *(página 180)*

> **Los mismos polos de dos imanes se repelen.**

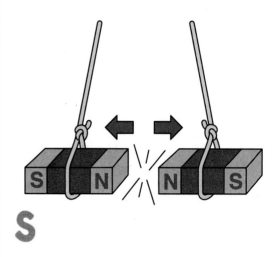

sangre líquido que contiene nutrientes, oxígeno y otros elementos *(página 248)*

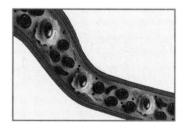

sonido una forma de energía *(página 130)*

> **La campana produce un sonido.**

T

tallo parte de la planta que la mantiene derecha *(página 5)*

temperatura medida de la cantidad de calor *(página 101)*

La temperatura es fría aquí.

termómetro instrumento que mide la temperatura *(página 102)*

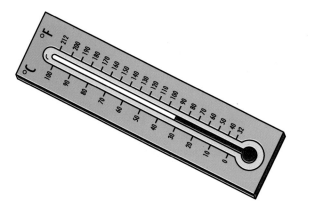

tono lo alto o bajo que es un sonido *(página 131)*

El tono del tambor es bajo.

V

vasos sanguíneos conductos por donde circula la sangre *(página 245)*

vibrar moverse algo muy rápidamente de un lado a otro *(página 130)*

Puedes ver las cuerdas vibrar.

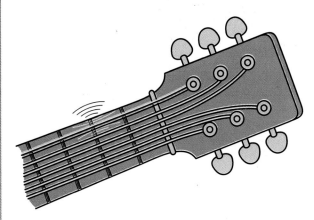

CREDITS

Design & Production: Kirchoff/Wohlberg, Inc.

Maps: Geosystems.

Picture Builders: David Mager (photography); Mike DiGiorgio, Wendy Smith (illustration).

Illustration Credits: Ka Botzis: pp. 20, 34–35, 47, 66–67, 68; Barbara Cousins: pp. 245, 252, 253, 254, 263, 265, 272; Marie Dauenheimer: pp. 244, 248, 266–267; Mike DiGiorgio: pp. 92, 140–141; Jeff Fagan: pp. 51, 114, 121, 130, 142, 159, 174; Russell Farrell: p.88; Kristen Goeters: pp. 156–157, 261, 272; Virge Kask: pp. 5, 8, 24, 46; Katie Lee: pp. 18, 19, 30; Tom Leonard: pp. 60–61, 72–73, 74, 206, 234, 204–205, 240; Claude Martinot: pp. 9, 48, 192; Monika Popowitz: pp. 21, 37, 57, 64, 69; Pat Rasch: pp. 41, 42; Wendy Smith: pp. 211, 212, 216, 238; Craig Spearing: p. S17; Matt Straub: pp. 71, 83, 84, 88, 94, 96, 110, 246, 258, 270, 271; Ted Williams: pp. 82, 105, 124–125, 136, 179, 180, 190, 191. Handbook: Batelman: pp. R10, R11, R14, R19; Rita Lascaro: pp. R2, R3, R6, R7; Rob Schuster: pp. R12, R13, R20, R21; Ted Williams: pp.R8, R9, R16–R18. Glossary: Batelman: pp. R23, R24, R25, R26, R27, R28, R29, R30; Rita Lascaro: pp. R22, R23, R24, R25, R26, R28, R29, R31

Photography Credits:

Contents: iii: Stephen P. Parker/Photo Researchers, Inc. iv: H.G.Ross/FPG International. v: Eunice Harris/Photo Researchers, Inc. vi: David Lawrence/The Stock Market. vii: Pat Caulfield/Photo Researchers, Inc. viii: Howard Sochurek/The Stock Market.

National Geographic Invitation to Science: S2: Chuck Nicklin/Sea Films, Inc. S3: t, Nancy Sefton/Photo Researchers, Inc.; m, Al Giddings; b, Natalie Fobes.

Be a Scientist: S5: David Mager. S6: Karl Gehring/Liaison. S7: t, Dave Bartruff/Stock, Boston; S7b: Gianni Tortoli/Photo Researchers. S8: Ruben G. Mendoza. S9: Ruben G. Mendoza. S10: l, The Granger Collection; r, Leo Touchet. S11: David Hiser/Tony Stone Worldwide. S12: Ruben G. Mendoza. S13: t, Robert E. Daemmrich/Tony Stone Worldwide; b, Will Yurman/Liaison Agency. S14: Ruben G. Mendoza. S15: Gabe Palmer/The Stock Market. S16: Niklas Hill/Liaison Agency. S18: t, Peter Correz/Tony Stone Images; b, Scott Harvey/MMSD. S19: t, Crews/The Image Works; b, Chip Henderson/Tony Stone Worldwide. S20: t, Richard Hutchings/PhotoEdit;

Unit 1: 1: Zefa/Stock Imagery, Inc. 2: b. Marcus Brooke/FPG; t. Stan Osolinski/FPG. 3: t. David Mager; b. David Mager. 4: t. David Mager; b. G. Buttner/Naturbild/Photo Researchers, Inc. 6: Hans Reinhard/Bruce Coleman, Inc. 7: David Mager. 9: l. PhotoDisc; c. David Mager; r. Jeff Greenberg/Photo Researchers, Inc. 10: Stephen Dalton/Animals Animals. 11: David Mager. 12: l. Merlin D. Tuttle/Photo Researchers, Inc.; r. Michael Fogden/Bruce Coleman, Inc. 13: Donald Specker/Animals Animals. 14: b.l. H. Taylor/OSF/Animals Animals; r.t. Renee Lynn/Photo Researchers, Inc. 15: Gregory K. Scott/Photo Researchers, Inc. 16: David Mager. 17: David Mager. 22: Pat Lanza Field. 23: t. Cotton Coulson; r. Stephen St. John. 25: bkgrd, Gerry Ellis/ENP Images; inset, Roy Morsch/The Stock Market. 26: Jim Cummins/FPG. 27: David Mager. 28: Albano Guatti/The Stock Market. 29: David Mager. 31: McGraw Hill School Division. 32: David Mager. 33: David Mager. 36: t. Jerry Irwin/Photo Researchers, Inc.; b. Michael P. Gadomski/Photo Researchers, Inc. 37: David Mager. 38: Ariel Skelley/The Stock Market. 39: David Mager. 40: bkgrd, NASA; t.l. Douglas Faulkner/Photo Researchers, Inc.; b.r. Jim Steinberg/Photo Researchers, Inc. 43: Joe Monroe/Photo Researchers, Inc.; John S. Flannery/Bruce Coleman, Inc. 44: Jerome Yeats/Science Photo Library/Photo Researchers, Inc. 44–45: Picture Perfect. 45: Rick Poley/Visuals Unlimited. 47: David Mager.

Unit 2: 49: inset, James L. Amos/Corbis; bkgrd, Tom Bean/Corbis. 50: Gordon R. Gainer/The Stock Market. 51: David Mager. 52: t. J. Beckett/Courtesy American Museum of Natural History; b.l. James L. Amos/Photo Researchers, Inc.; b.r. Wendell Metzen/Bruce Coleman, Inc. 53: Chip Clark/Museum of Natural History, Smithsonian Institution; David Mager. 54: David Mager. 56: Karl Gehring/Liaison. 55: David Mager. 58: Wayne Lynch/DRK Photo. 61: t. James L. Amos; , inset, Steve Jackson/Museum of the Rockies. 62: b. Chris Johns/Tony Stone Images; t. Johnny Johnson/Animals Animals. 63: r. Art Wolfe/Tony Stone Images; l. Francois Gohier/Photo Researchers, Inc. 65: David Mager. 70: David Mager. 71: David Mager. 75: l. Bradley Simmons/Bruce Coleman, Inc. 76: l. Arthur Gurmankin/Phototake/PNI; c.&r. The Granger Collection, New York. 77: t. John Sibbick; b. Joe Bailey. 78: Charles R. Belinky/Photo Researchers, Inc. 79: inset, Arthur Tilley/Photo Researchers, Inc.; bkgrd, Picture Perfect. 81: David Mager. 82: Jim Steinberg/Photo Researchers, Inc. 84–85: Russ Farrell. 86: Leonard. Lee Rue III/Bruce Coleman, Inc. 87: Charles R. Belinky/Photo Researchers, Inc. 89: r. M.J. Tyler/A.N.T. Photo Library; l. P.W. Skyes, Jr./Academy of Natural Sciences/Vireo. 90: l. Douglas Faulkner/The Stock Market; r. Jeff Lepore/Photo Researchers, Inc. 91: Tim Davis/Photo Researchers, Inc. 92–93: Jane Burton/Bruce Coleman, Inc. 95: James L. Amos/Photo Researchers, Inc.

Unit 3: 97: inset, John M. Burnley/Bruce Coleman, Inc.; Tom Brakefield/Bruce Coleman, Inc. 98: Peter Gridley/FPG. 99: David Mager. 100: Dana Buckley/The Stock Market. 100–101: Adam Jones/Dembinsky Photo. 101: Brady Monkmeyer. 102: t. & m. David Mager; b. Thomas Ives. 103: David Mager. 104: l. & r. David Mager; b. Phil Fames/Photo Researchers, Inc. 105: Jonathan Wright/Bruce Coleman, Inc. 106: David Mager. 107: David Mager. 108: David Mager. 109: David Mager. 111: David Mager. 112: t. Michael L. Smith; b. Jerome Wexler/Photo Researchers, Inc. 113: t. Mickey Pfleger 1991/PNI; b. Steve Benbow/Stock, Boston/PNI. 115: inset, Kent Miles/FPG; Rafael Marcia/Photo Researchers, Inc. 116: b.l. & b.r. David Mager; IFA/Bruce Coleman, Inc.; t.l. & t.r. Jerry Schad/Photo Researchers, Inc. 117: David Mager. 118: Frank Rossotto/The Stock Market. 119: b. David Mager; t. Skip Moody/Dembinsky Photo. 120: David Mager. 121: t.r. David Brooks/The Stock Market; t.l. David Mager. 122: Roger Ressmeyer/Corbis. 123: David Mager. 126: b. David Mager; t.c. John Sanford/Science Photo Library/Photo Researchers, Inc.; t. & r. S, Nielsen/Bruce Coleman, Inc. 127: Mount Wilson and Palomar Observatories/Photo Researchers, Inc. 128: John Shaw/Bruce Coleman, Inc. 129: David Mager. 130: David Mager. 131: t.r. Al Francekevich/The Stock Market; b.l. Jeff Greenberg/Visuals Unlimited. 132: b.l. Hans Reinhard/Bruce Coleman, Inc.; b.r. J. Barry O'Rourke/The Stock Market; t.r. Zefa Germany/The Stock Market. 133: Kaluzny/Thatcher/Tony Stone Images. 134: David Mager. 135: David Mager. 137: Arthur Morris/Visuals Unlimited; t.r. Arthur Morris/Visuals Unlimited; b. David Mager. 138: Jim Cummins/FPG. 139: Martin Jones/Ecoscene/Corbis. 143: Peter French/Bruce Coleman, Inc. 144: David Mager.

Unit 4: 145: Michael Kevin Daly. 146: David Mager. 147: David Mager. 148: b.l. David Mager; t.r. Pat Farley/Monkmeyer. 149: Ed Bock/The Stock Market. 150: t.r. Brad Simmons/Bruce Coleman, Inc.; b.l. D. Brewster/Bruce Coleman, Inc. 151: David Mager. 152: David Mager. 153: David Mager. 154: David Mager. 155: David Mager. 156–157: bkgrd, Welzenbach/The Stock Market. 158: t. Norbert Schafer/The Stock Market; b. Peter Essick/Aurora/PSI. 160: David Mager. 161: David Mager. 162: David Mager. 163: David Mager. 164: David Mager. 165: l. Joe Bator/The Stock Market; r. Rita Nannini/Photo Researchers, Inc. 166: Charles E. Rotkin/Corbis. 167: David Mager. 168: David Mager. 169: David Mager. 170: t. Matt Bradley/Bruce Coleman, Inc.; m. Ray Soto/The Stock Market; b. Richard Olivier/Corbis. 171: Debra P. Hershkowitz. 172: Bob Daemmrich/Stock, Boston/PNI. 173: t. Nettie Burke; Jane Hurd (art); b. Karen Kuehn. 175: David Mager. 176: David Mager. 177: David Mager. 178: David Mager. 181: David Mager. 182: David Mager. 183: David Mager. 184: David Mager. 185: David Mager. 187: Tom Van Sant/Photo Researchers, Inc. 188–189: FPG.

Unit 5: 193: inset, Renee Lynn/Photo Researchers, Inc.; bkgrd, Wetmore/Photo Researchers, Inc. 194: Kunio Owaki/The Stock Market. 195: David Mager. 196: b. Edgar T. Jones/Bruce Coleman, Inc.; t. Rod Planck/Photo Researchers, Inc. 197: t. Bates Littlehales/Animals Animals; b. Jeff Lepore/Photo Researchers, Inc. 198: David Mager. 199: David Mager. 200: b. David Noble/FPG; t.r. Geoffrey Clifford/Woodfin Camp & Associates; inset, Jeff Hoffman/Bruce Coleman, Inc. 201: John S. Flannery/Bruce Coleman, Inc. 202: Tom Brakefield/Bruce Coleman, Inc. 203: David Mager. 204: t.l. inset, Breck P. Kent/Animals Animals; b.r. inset, Brian Milne/Animals Animals. 205: t.l. inset, David H. Ellis/Visuals Unlimited; b.r. inset, Robert J. Erwin/Photo Researchers, Inc. 207: Cosmos Blank/Photo Researchers, Inc. 208: Gerard Lacz/Animals Animals. 209: David Mager. 210: t.r. inset, Jane Burton/Bruce Coleman, Inc.; b. S. Nielsen/Bruce Coleman, Inc. 212: PhotoDisc. 213: b.l. Debra P. Hershkowitz/Bruce Coleman, Inc.; t.r. Ronnie Kaufman/The Stock Market. 214: Andy Rouse. 215: t. Galen A. Rowell; b. Michael Ventura. 216: Tom Leonard. 217: bkgrd, B & C Calhoun/Bruce Coleman, Inc.; inset, John Shaw/Bruce Coleman, Inc. 218: Linda Bartlett/ Photo Researchers, Inc. 219: David Mager. 220: David Mager. 221: David Mager. 222: inset, David Mager; bkgrd, Tim Davis/Photo Researchers, Inc. 223: PhotoDisc. 224: David Mager. 225: David Mager. 226: Richard J. Green/Photo Researchers, Inc. 226–227: bkgrd, Jeff Gnass/The Stock Market. 228: John Mead/Science/Photo Researchers, Inc. 229: r. David Halpern/Photo Researchers, Inc.; l. inset, Jim Zipp/Photo Researchers, Inc. 230: George H. H. Huey/Animals Animals Earth Scenes. 231: David Mager. 232: Rod Planck/Photo Researchers, Inc. 233: C.C. Lockwood/Animals Animals. 235: Gregory G. Dimijian/Photo Researchers, Inc. 236–237: Merlin D. Tuttle/Photo Researchers, Inc. 236: inset Guillermo Gonzalez/Visuals Unlimited. 237: George Bryce/Animals Animals. 239: Kenneth Murray/Photo Researchers, Inc..

Unit 6: 241: David Mager. 242: Debra P. Hershkowitz. 243: David Mager. 244: David Mager. 245: David Mager. 247: David Mager. 249: David Mager. 250: Tom & Dee Ann/The Stock Market. 251: David Mager. 252: David Mager. 253: David Mager. 254: David Mager. 255: David Mager. 256: Larry Mulvehill/Photo Researchers, Inc. 257: t. John Bavosi/SPL/Photo Researchers, Inc.; b. Todd Warshaw/AllSport. 259: bkgrd, Comstock KLIPS; inset, Elyse Lewin/The Image Bank.260: David Mager. 262–263: David Mager. 264–265: David Mager. 266: David Mager. 267: David Mager. 268–269: David Mager. 270: Bill Stormont/The Stock Market. 272: David Mager.

Handbook: David Mager: pp. R4, R5, R15

State Specific Credits: TX2: b. Roy Morsch/The Stock Market. TX3: t.l. John Lemker/Earth Scenes; r. Tom Bean; t.r. & b.l. Bob Daemmrich/The Image Works. TX4: b.l. Steve Elmore/The Stock Market; b.l. John D. Cunningham/Visuals Unlimited. TX8: b.r. & t.l. Jim Sugar Photography/Corbis; t.r. Courtesy of Panhandle-Plains Historical Museum, Canyon, Texas. TX10: b. Texas DOT. TX11: c. Ross Frid/Visuals Unlimited. TX12: b.r. & t.l. Ross Frid/Visuals Unlimited. TX14: b. Superstock.